财经类专业"十四五"规划教材·智能化新形态教材

财务会计典型案例活页教程

乔淑琰 吴 超◎主 编

图书在版编目(CIP)数据

财务会计典型案例活页教程 / 乔淑琰,吴超主编
.—上海:立信会计出版社,2022.1
ISBN 978-7-5429-7053-4

Ⅰ.①财… Ⅱ.①乔… ②吴… Ⅲ.①财务会计—案例—教材 Ⅳ.①F234.4

中国版本图书馆 CIP 数据核字(2022)第 015720 号

策划编辑　　王斯龙　　谢晨云
责任编辑　　王斯龙

财务会计典型案例活页教程
CAIWU KUAIJI DIANXING ANLI HUOYE JIAOCHENG

出版发行	立信会计出版社
地　　址	上海市中山西路 2230 号　邮政编码　200235
电　　话	(021)64411389　传　真　(021)64411325
网　　址	www.lixinaph.com　电子邮箱　lixinaph2019@126.com
网上书店	http://lixin.jd.com　http://lxkjcbs.tmall.com
经　　销	各地新华书店
印　　刷	上海天地海设计印刷有限公司
开　　本	787 毫米×1092 毫米　1/16
印　　张	9.5
字　　数	226 千字
版　　次	2022 年 1 月第 1 版
印　　次	2022 年 1 月第 1 次
印　　数	1—2 100
书　　号	ISBN 978-7-5429-7053-4/F
定　　价	45.00 元

如有印订差错,请与本社联系调换

前　言

为贯彻落实《国家职业教育改革实施方案》所体现的精神，深入开展"三教"改革，遵循职业教育规律，为各行业和地区培养应用型人才，经过广泛深入的调研，我们选取行业特色企业和典型案例，编写了这本《财务会计典型案例活页教程》。本教材有如下特点。

1. 定位准确，体现"教学做合一"

本教材依据职业技能标准和课程标准，以中小型商品流通企业和现代服务业为例，依托信息技术条件下的新会计智能手段，运用大数据与会计的管理方法，突出现代新兴的结算支付方式，在传统纸质教材的基础上进行了创新与升级。本教材强化企业典型业务的操作流程、操作步骤和账务处理，突出理实一体的教学理念，在学生学习理论知识和技能的基础上，实施模块化教学、项目化教学，有助于增强学生的实践操作能力，体现职业教育教学的特色。

2. 强化课程思政，实现"三全"育人

本教材以习近平新时代中国特色社会主义思想为指导，落实立德树人的根本任务，关注以人工智能、大数据、云计算等全新一代的信息技术为背景的新商科、现代服务业，致力于建立健全新法制环境和商业模式下的价值体系，以达到贯彻社会主义核心价值观、职业道德、法律意识和工匠精神等全方位综合的培养目标，体现了课程思政的育人功能。

3. 重构学习内容，校企"双元"合作开发

职业院校财经商贸类专业的毕业生，大多就职于中小商品流通企业和现代服务业，而目前企业财务会计多数教材以工业企业为例。为改变这种局面，解决学生实习、就业零距离的问题，我们联手行业企业，邀请企业专家深度参与编写，采用行业专家提供教材资源、教育专家加工提升的方式，开发了这本教材。本教材打破原有教材的学科体系和逻辑顺序，以企业典型工作任务为基础，选取零售业超市、4S店等学习模块，以现代服务业连锁店、物流企业为典型案例，重构学习内容，真正实现理实一体化和校企合作"双元"育人的培养模式。同时，本教材融合新技术、新工艺、新业态的内容，突出现代新型快捷的支付结算方式，如银联卡、云闪付、网银、手机银行、支付宝、微信、数字货币等。

4. 新业态一体化教材，实现教学资源共建共享

发挥"互联网＋教材"的优势，教材配备丰富的电子资源，手机扫描教材上印制的二维码，即可获得在线的数字课程资源。同时，本教材提供配套教学课件、课程标准、技能训练答案等供师生使用。新业态一体化教材便于学生的即时学习和个性化学习，激发学生自主学习，教师也可借此创新教学模式实现高效课堂。

本教材由乔淑琰、吴超担任主编，李新、胡晓丽担任副主编。案例一由吴超、李娜娜、吴

月丽和郭梦雪编写,案例二由乔淑琰、王一存和赵润编写,案例三由李新、赵竹海和乔玉编写,案例四由胡晓丽、闫垠宇、张茜和贾超杰编写,王晓蕾、王伟充和杨士萍做了大量的文字校对工作。参与教材数字资源制作的有乔淑琰、吴超、李新、胡晓丽、李娜娜、吴月丽、郭梦雪、王一存、赵润、乔玉、赵竹海、闫垠宇、张茜、李冉、吴金玉、苗文武、鲁健和马尚宇等。参与编写的企业专家有李婷婷、魏丽、张楠、尚亚会、崔晓露、田蒲、尹倩和侯乔木等。

  由于编写人员水平有限,职业教育新型活页式教材的开发处于探索阶段,教材及相关配套资源尚有不足,恳请广大职业教育战线的同仁和社会上的读者批评指正。

编　者

2022 年 1 月

总 目 录

案例一　福万家购物服务有限公司 …………………………………………… 001
案例二　华晟名车专修连锁 …………………………………………………… 037
案例三　华祥汽车 4S 店 ……………………………………………………… 071
案例四　八达通物流服务有限公司 …………………………………………… 109

案例一

福万家购物服务有限公司

案例目录

任务一 企业概况 ··· 003
  一、背景资料 ··· 003
  二、公司财务部门职能设置及其主要工作流程 ··· 007
    （一）财务部门职能设置 ·· 007
    （二）公司商品经营方式 ·· 007
    （三）商品入库流程 ··· 008
    （四）商品销售管理流程 ·· 008
  三、商品采购业务的核算 ··· 008
    （一）经销经营方式下采购业务的核算 ··· 008
    （二）联营、代销经营模式下商品购进业务 ······································· 018

任务二 商品销售 ··· 021
  一、商品销售业务的核算 ··· 021
  二、商业零售企业收银的常用方式 ··· 022
    （一）现金收银业务 ··· 022
    （二）银行卡收银业务 ·· 022
    （三）微信、支付宝结算方式收款 ·· 022
    （四）云闪付 ·· 023
  三、新型支付方式实体店销售业务核算实务 ··· 023
  四、租赁收入业务 ··· 027

任务三 日常费用 ··· 029
  一、销售费用业务举例 ··· 029
  二、管理费用业务举例 ··· 031

任务四 成本及利润形成核算 ·· 033

任务一　企业概况

一、背景资料

福万家购物服务有限公司,如图 1-1 所示。

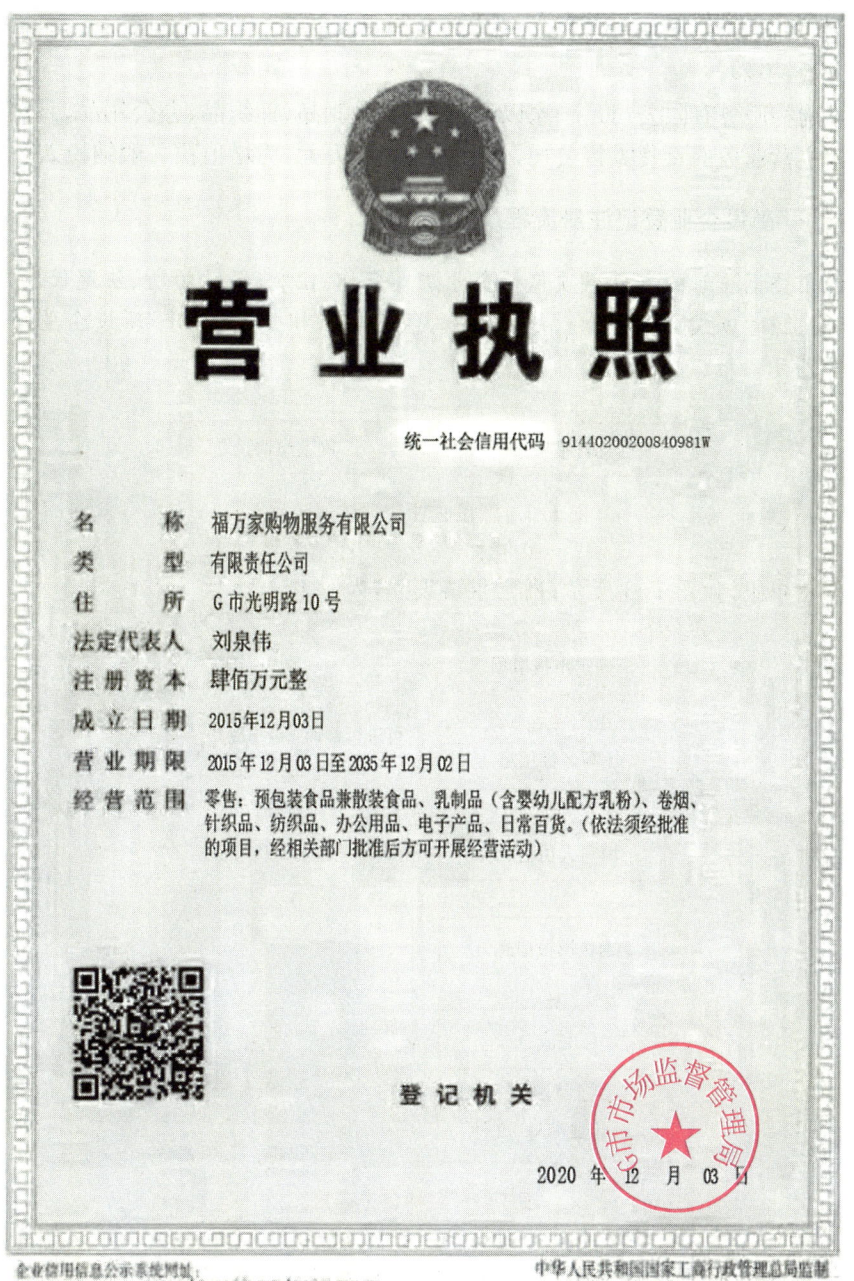

图 1-1　营业执照

名称:福万家购物服务有限公司

纳税识别号:91440200200840981W

地址:G市光明路10号

电话:0561-83995900

基本开户银行:中国银行光明路支行

账号:1001001002352350

会计:杨昊

出纳:李静

会计主管:王楠

福万家购物服务有限公司是一家以经营食品、乳制品、针织品、办公用品、日用百货和电子产品等为主营业务的百货零售公司,注册资金400万元,为增值税一般纳税人。

【知识链接1】　新设企业登记注册流程

企业设立登记注册的主要事项包括企业法人名称、住所、经营场所、法定代表人、经济性质、经营范围、经营方式、注册资金、从业人数、经营期限和分支机构。新设企业登记注册流程如图1-2所示。

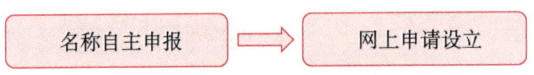

图1-2　新设企业登记注册流程

名称自主申报,如图1-3所示;网上申请设立,如图1-4所示。

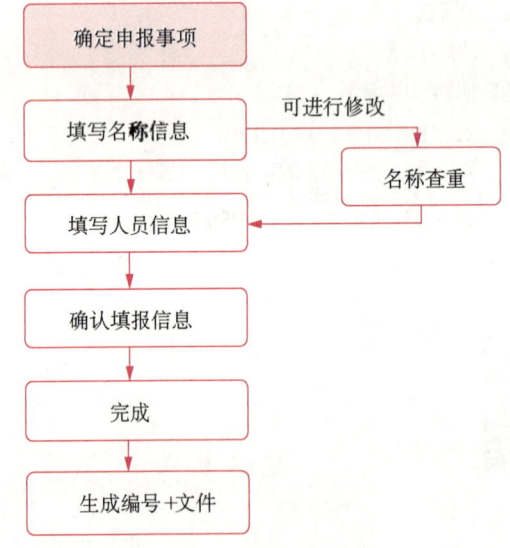

图1-3　名称自主申报

系统将自动生成《市场主体自主申报名称信用承诺书》(含名称查重清单)和《市场主体自主申报名称预留告知书》(含自主申报预选号)。

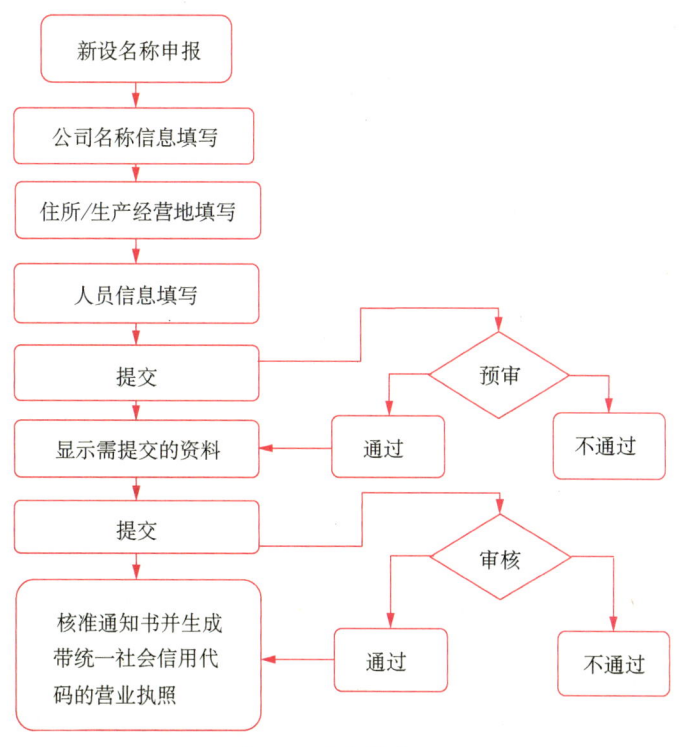

图 1-4　网上申请设立

【知识链接 2】　五证合一登记

2016 年 7 月 5 日,国务院办公厅发布了《关于加快推进"五证合一、一照一码"登记制度改革的通知》(国办发〔2016〕53 号),从 2016 年 10 月 1 日起,全国范围内实施"五证合一""一照一码"登记。各地将在原有的工商营业执照、组织机构代码证和税务登记证"三证合一"改革基础上,整合社会保险登记证和统计登记证,推进"五证合一"改革(图 1-5)。

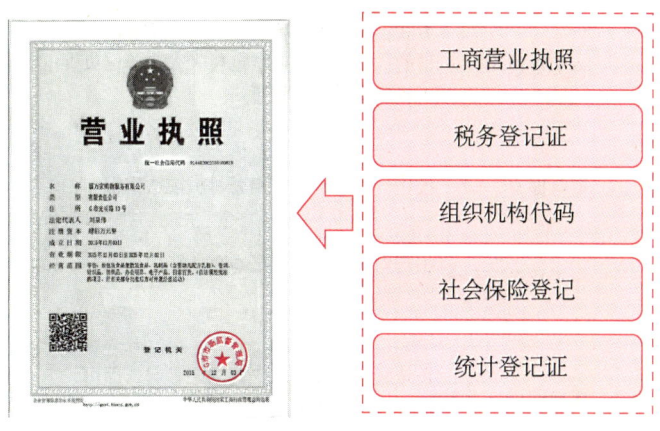

图 1-5　五证合一

【知识链接3】 电子营业执照的使用方法

电子营业执照的使用方法，如图1-6所示。

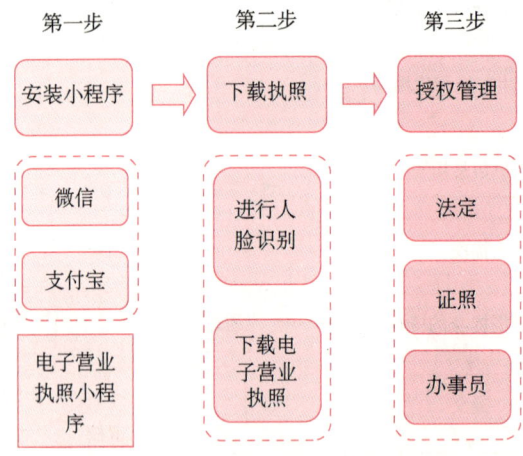

图1-6 电子营业执照的使用方法

为简化企业办事流程，目前有地区在办理企业、设立登记网上申请时，可以选择同时办理刻制公章、开立银行账户、登记纳税人身份、核定票种、领购发票和申领金税盘等事项。

【知识链接4】 开设银行账户

企业在进行经营时，应开设专门单位结算账户。此类账户是指存款人以单位名称开立的，用于办理资金收付结算的人民币活期存款账户。按用途划分为：基本存款账户、一般存款户、临时存款户、专用存款户、异地存款户和个人存款户。企业开设银行账户流程如图1-7所示。

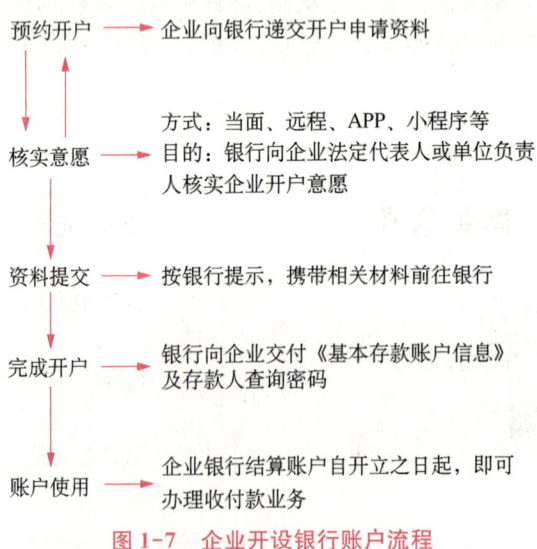

图1-7 企业开设银行账户流程

企业向银行递交的开户申请资料,一般应包括:
(1) 营业执照正本和副本。
(2) 公司印章(公章、财务章、法人章)。
(3) 法定代表人身份证原件及复印件、合伙人或股东身份证复印件(股东为单位,需提供该单位的营业执照复印件及其法定代表人的身份证复印件)。
(4) 经办人身份证原件及复印件。
(5) 公司章程。
(6) 公司经营地址租赁合同。

二、公司财务部门职能设置及其主要工作流程

福万家购物服务有限公司财务部门的职能包括商品管理、收银管理和财务核算管理。财务部门负责公司各项收支业务的计划、控制、核算和考核工作,合理统筹使用资金,有效利用公司的各项资产实施成本控制,提高公司的经济效益。

(一) 财务部门职能设置

公司财务部门分设商品管理部门、收银管理部门和财务核算管理部门(图1-8)。

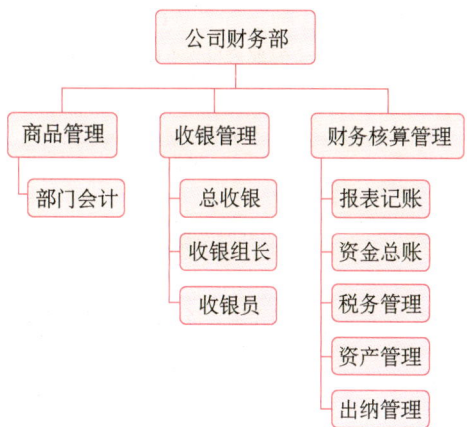

图1-8　财务部门职能设置

(二) 公司商品经营方式

公司商品经营方式(表1-1),分为自营、联营和代销模式。

表1-1　公司商品经营方式

模式	说明
经销(自营)	零售商业企业传统的经营模式,即库存商品的购、销、存全部由零售商自行负责管理、自负盈亏。其核算一般采用售价金额核算法
联营	零售商与供应商联合经营的项目,供应商负责商品进货、商品的库存等经营管理。商品的所有权归属于供应商,零售商提供场地和收银,根据商品销售情况施行保底扣点、实销返点等,进而产生收入
代销	供应商把产品给零售商代理销售,在零售商销售该产品后才收取货款的销售方式。它实际上是供应商(代理商)把商品让给零售商的"试用"过程,若"试用"成功,零售商就会经销该商品

(三) 商品入库流程

所有商品上柜前均需送到公司验货区验收，由供应商送货员与公司实物负责人双方共同验收，验货区责任人从旁协助管理监督。验收完毕后，验货区责任人在一联供应商送货清单反面签字盖章，公司实物负责人根据实际到货情况，填制"到货商品入库验收明细表"并签字明确责任。商品入库流程和商品销售流程，如图1-9、图1-10所示。

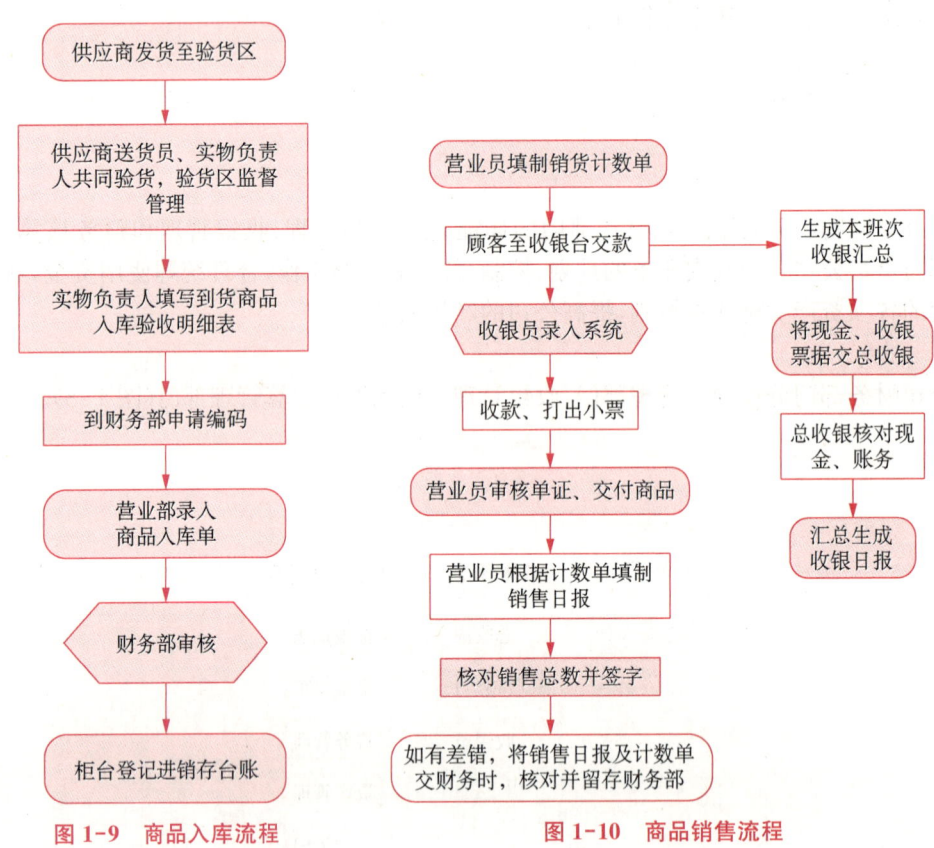

图1-9　商品入库流程　　　　　图1-10　商品销售流程

(四) 商品销售管理流程

超市商品销售过程中所涉及的单据主要有销售计数单和销售日报。销售计数单一般为一式三联（也有一式二联），一联为收银联，二联为柜组联，三联为客户联。销售日报则由当日销售计数单汇总而成。

三、商品采购业务的核算

超市商品采购业务主要分为经销经营方式下的采购业务和联营、代销经营模式下的商品购进业务。

(一) 经销经营方式下采购业务的核算

经销经营，又称自营，即商品的购、销、存全部由超市自行负责管理、自负盈亏。其核算一般采用售价金额核算法。下面介绍大宗产品和鲜活农副产品两种采购业务的核算。

1. 大宗采购业务核算

任务描述

2021 年 1 月 2 日，公司自 A 市嘉嘉乐有限公司采购食品一批，价款 87 000 元，增值税税率 13%，税额 11 310 元，价税合计 98 310 元，商品售价总计 115 600 元，款项通过网上银行支付，其核算用售价金额核算法。

任务目标

本项目任务目标，如表 1-2 所示。

表 1-2　任务目标

1. 了解商品零售企业日常采购业务流程
2. 能熟悉使用网上银行，办理转账支付
3. 填制和审核商品零售企业日常采购业务涉及的原始凭证
4. 掌握售价金额核算法的应用

任务图志

（1）购销双方签订购销合同（图 1-11）。

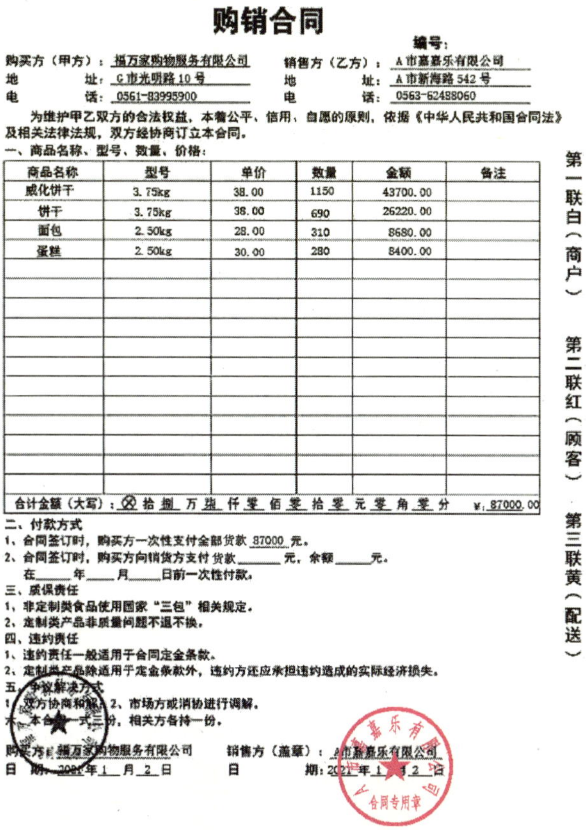

购销合同

编号：

购买方（甲方）：福万家购物服务有限公司　　销售方（乙方）：A 市嘉嘉乐有限公司
地　　址：C 市光明路 10 号　　地　　址：A 市新海路 542 号
电　　话：0561-83995900　　电　　话：0563-62488060

为维护甲乙双方的合法权益，本着公平、信用、自愿的原则，依据《中华人民共和国合同法》及相关法律法规，双方经协商订立本合同。

一、商品名称、型号、数量、价格：

商品名称	型号	单价	数量	金额	备注
威化饼干	3.75kg	38.00	1150	43700.00	
饼干	3.75kg	38.00	690	26220.00	
面包	2.50kg	28.00	310	8680.00	
蛋糕	2.50kg	30.00	280	8400.00	
合计金额（大写）：⊗ 拾 捌 万 柒 仟 零 佰 零 拾 零 元 零 角 零 分				¥：87000.00	

二、付款方式
1、合同签订时，购买方一次性支付全部货款 87000 元。
2、合同签订时，购买方向销货方支付货款______元，余额______元。
在______年______月______日前一次性付款。
三、质保责任
1、非定制类食品使用国家“三包”相关规定。
2、定制类产品非质量问题不退不换。
四、违约责任
1、违约责任一般适用于合同定金条款。
2、定制类产品除适用于定金条款外，违约方还应承担违约造成的实际经济损失。
五、争议解决方式
1、双方协商和解。2、市场方或消协进行调解。
六、本合同一式三份，相关方各持一份。

购买方：福万家购物服务有限公司　　销售方（盖章）：A 市嘉嘉乐有限公司
日　期：2021 年 1 月 2 日　　日　期：2021 年 1 月 2 日

第一联白（商户）　第二联红（顾客）　第三联黄（配送）

图 1-11　购销合同

（2）收到增值税专用发票（图1-12）。

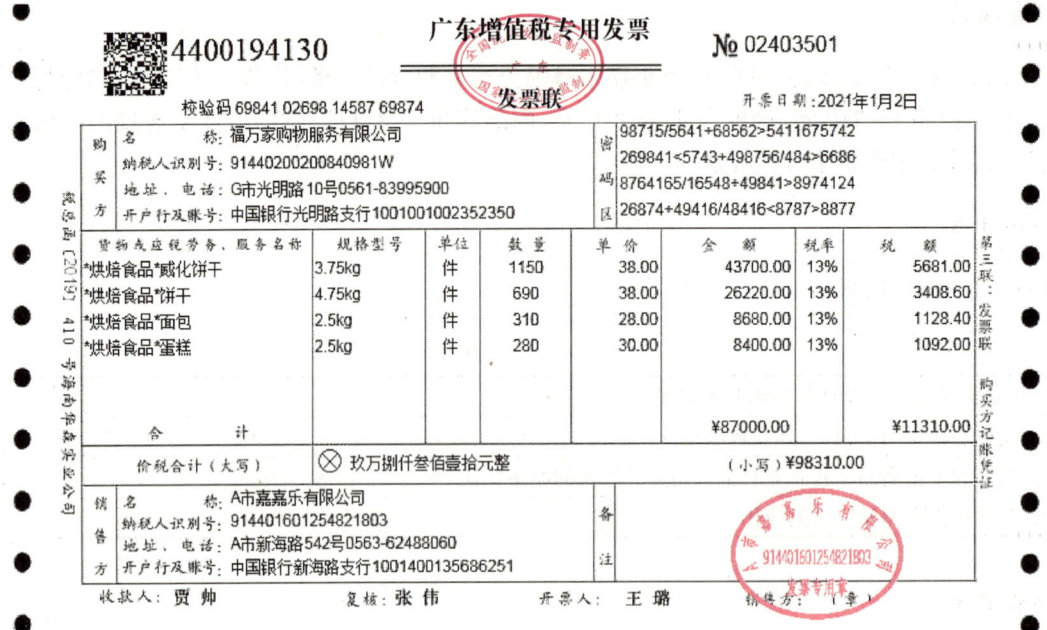

图1-12 增值税专用发票

（3）根据增值税专用发票，通过网上银行进行转账后，收到回单（图1-13）。

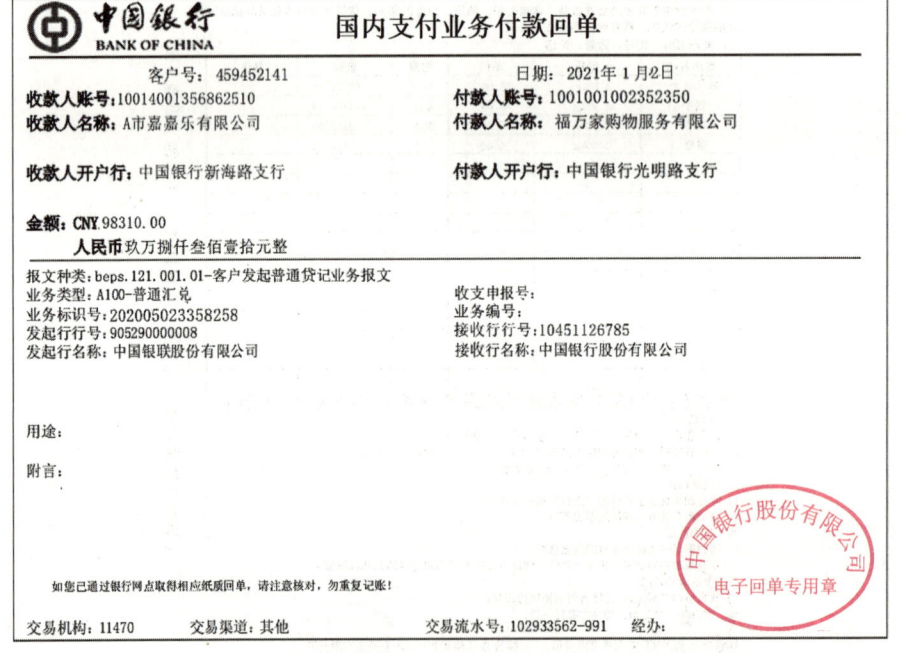

图1-13 支付业务付款回单

（4）商品验收入库，开出入库单（图1-14）。

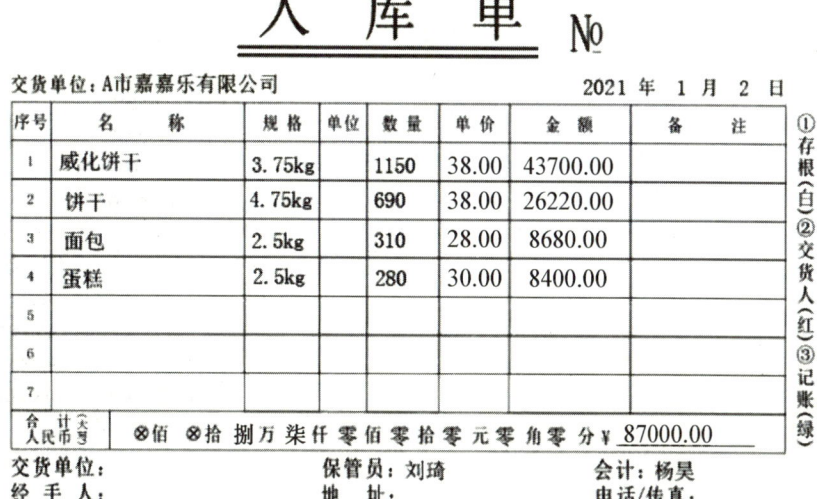

图1-14　入库单

任务口诀

采购时有入库单，借"库存商品"记心间。
"库存商品"属于资产，借方加呀贷方减。

任务实践

（1）福万家购物服务有限公司的会计岗位人员收到A市嘉嘉乐有限公司开出的增值税专用发票，并以发票金额为依据通过网银系统将款项转账。将增值税专用发票和转账回单作为原始凭证，填制记账凭证（图1-15）。

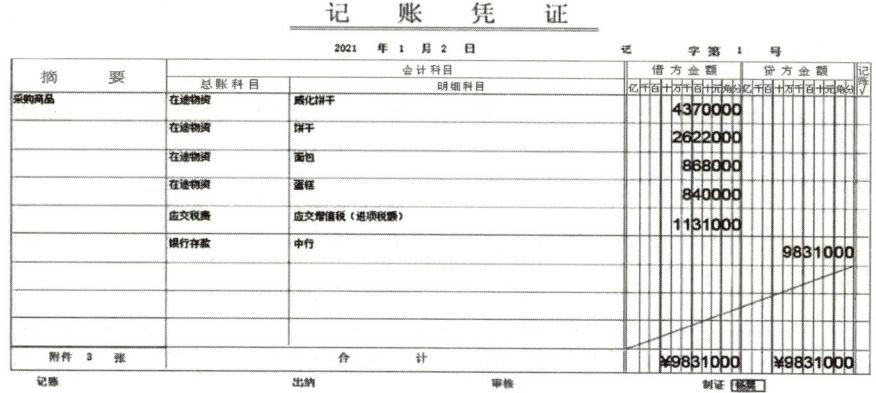

图1-15　记账凭证

(2) 商品验收入库,记账凭证如图 1-16 所示。

记 账 凭 证

2021 年 1 月 2 日　　记 字第 2 号

摘要	会计科目		借方金额	贷方金额	记账√
	总账科目	明细科目	亿千百十万千百十元角分	亿千百十万千百十元角分	
商品验收入库	库存商品	威化饼干	5750000		
		饼干	3450000		
		面包	1240000		
		蛋糕	1120000		
	在途物资	威化饼干		4370000	
		饼干		2622000	
		面包		868000	
		蛋糕		840000	
	商品进销差价			2860000	
附件 1 张	合计		¥11560000	¥11560000	

记账　　出纳　　审核　　制证 [illegible]

图 1-16 记账凭证

任务测练

万客来百货有限公司 2021 年 12 月 5 日购进商品一批,增值税专用发票上载明在商品买价为 123 500 元,增值税税额 16 055 元,价税合计共计 139 555 元。商品已验收入库,商品售价 150 000 元,款项已通过网银支付。任务测练内容如表 1-3 所示。

表 1-3 任务测练

问题	答案
1. 该业务涉及的原始凭证有哪些	
2. 填制该笔业务的记账凭证	
3. 模拟使用网上银行业务支付该笔采购款	

任务评价

在表 1-4 中填写任务的总体评价(过程和结果,表格形式)。

表 1-4 任务评价

内容	自我评价(30%)	小组评价(30%)	教师评价(40%)	得分
1. 商品零售企业财务基础知识(20 分)				
2. 网上银行业务(20 分)				

(续表)

内容	自我评价(30%)	小组评价(30%)	教师评价(40%)	得分
3. 业务涉及原始凭证的填制与审核(30分)				
4. 业务涉及记账凭证的填制与审核(30分)				
合计				

【知识链接5】 售价金额核算法

售价金额核算法是指平时商品的购进、销售均以售价记账,售价与进价的差额通过"商品进销差价"科目核算,期末计算进销差价率和本期已销售商品应分摊的进销差价,并据以调整本期销售成本的一种方法。一般用于零售企业的商品核算。基本内容如下:

(1)建立实物负责制,即按企业经营品种,划分若干实物负责小组,或指定实物负责人,对其经营商品的数量和质量负完全责任。

(2)库存商品按零售价格记账,即"库存商品"账户的增减,一律按零售价格登记,并按实物负责人设置明细账,记录商品金额变动和结存情况。

(3)设置"商品进销差价"账户,定期反映商品购进价格和零售价格之间的差额。

(4)加强商品的盘点工作。由于库存商品只有总金额指标,没有具体数量指标,商品发生溢缺的数额,只有通过盘点才能确定。为此,企业一般应定期或不定期进行盘点,以确定商品实存数额。这种方法可以简化销货和记账工作,但不能及时提供每种商品进销存的动态资料,如果发生商品溢缺以及差款错货,企业不便查明原因。

【知识链接6】 网上银行业务操作流程(以中国建设银行为例)

网上银行业务操作流程,如图1-17至图1-21所示。

第一步:登录系统。

图1-17 网银登录页面

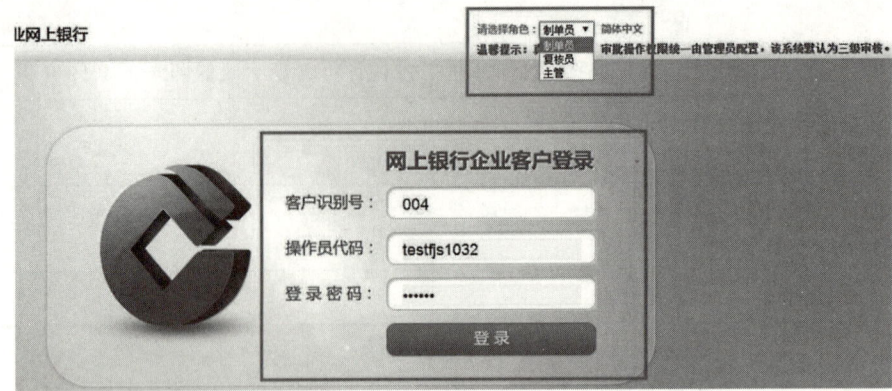

图 1-18　网银企业客户登录页面

第二步：选择转账业务，办理付款。

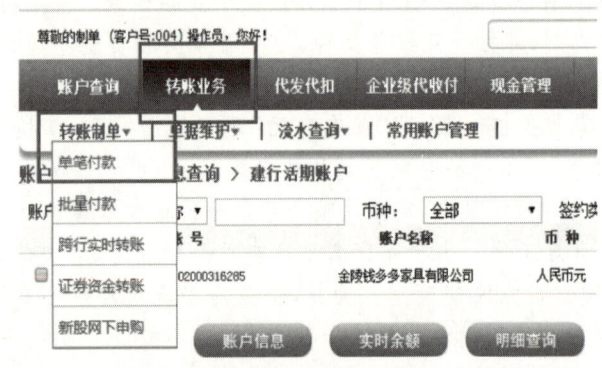

图 1-19　网银操作页面

第三步：填写收款单位名称、账号和付款金额。

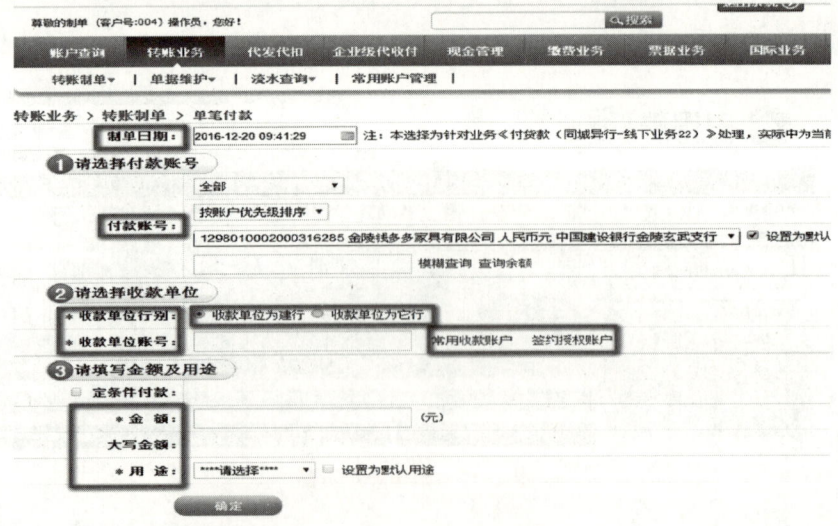

图 1-20　网银操作页面

第四步：提交制单。

第五步：复核。点击页面上方【退出系统】返回登录界面。下拉选择角色，选择【复核员】，再点击登录即可。进入操作界面后，点击【转账业务】→【转账复核】→【单笔复核】。

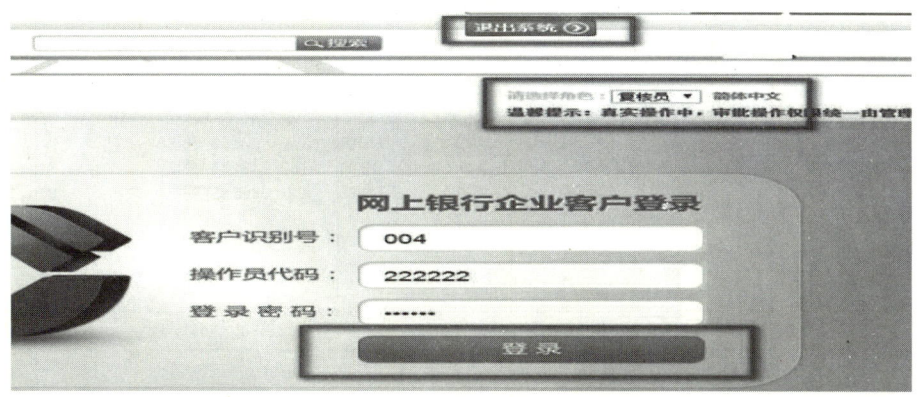

图 1-21　网银操作页面

任务口诀

网上银行很流传，一般记"银行存款"。
网银收支很方便，但是一定防诈骗。

2. 鲜活农副产品采购业务核算

任务描述

2021 年 1 月 6 日，公司自农户购买蔬菜一批，金额 4 815.34 元，以库存现金支付。开具增值税专用发票，其核算用进价金额核算法。

任务目标

任务目标如表 1-5 所示。

表 1-5　任务目标

1. 了解商品零售企业经销鲜活农产品采购的业务流程
2. 掌握鲜活农副产品采购业务应交增值税的核算要点、原始凭证整理和记账凭证填制
3. 掌握进价金额核算法的应用

任务图志

（1）收到销售方开出的增值税专用发票（图 1-22）。

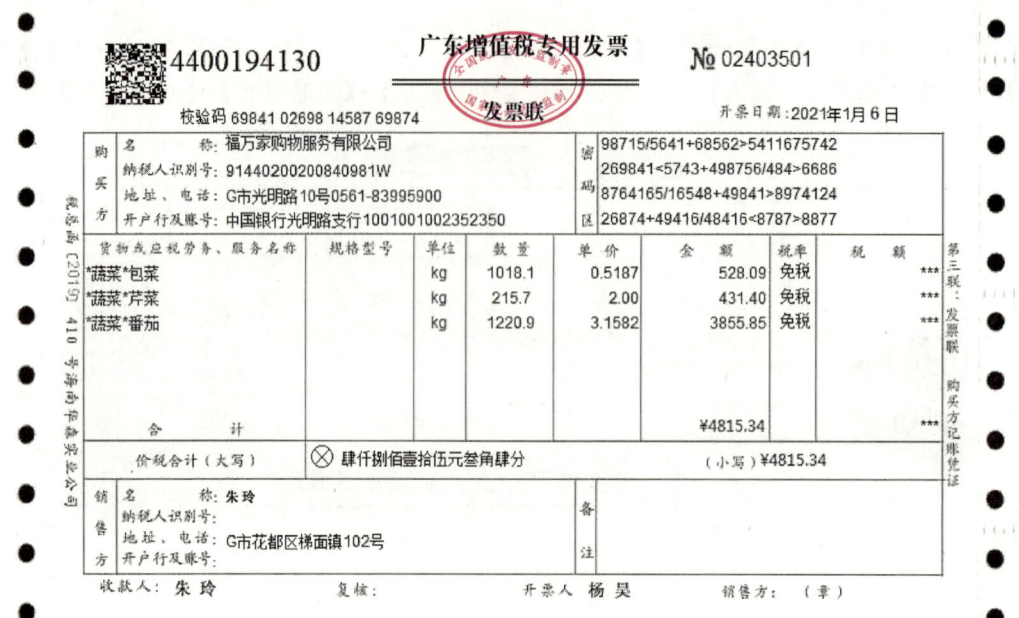

图1-22 增值税专用发票

(2) 商品验收入库，开出入库单(图1-23)。

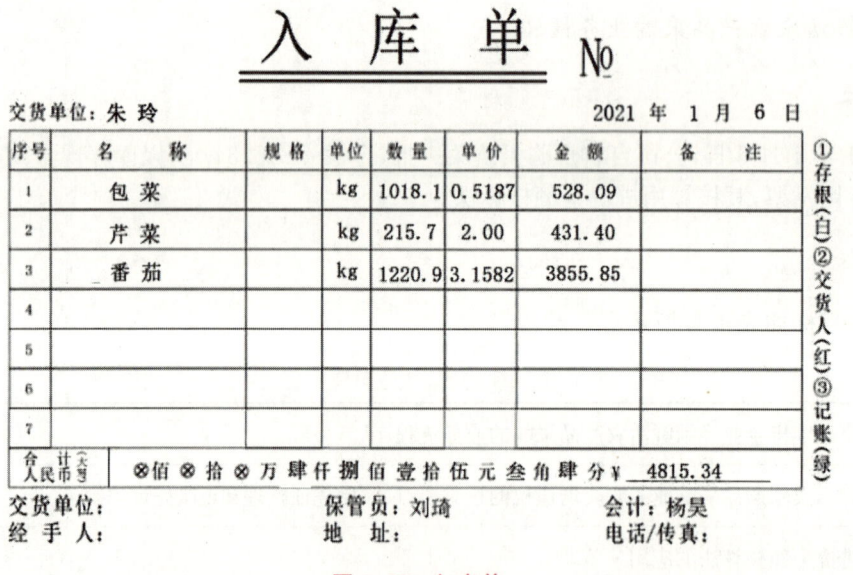

图1-23 入库单

任务实践

出纳审核采购计划和增值税普通发票后，支付现金，并在发票上盖现金付讫章。将原始凭证传递给会计人员，并进行记账凭证的填制(图1-24)。

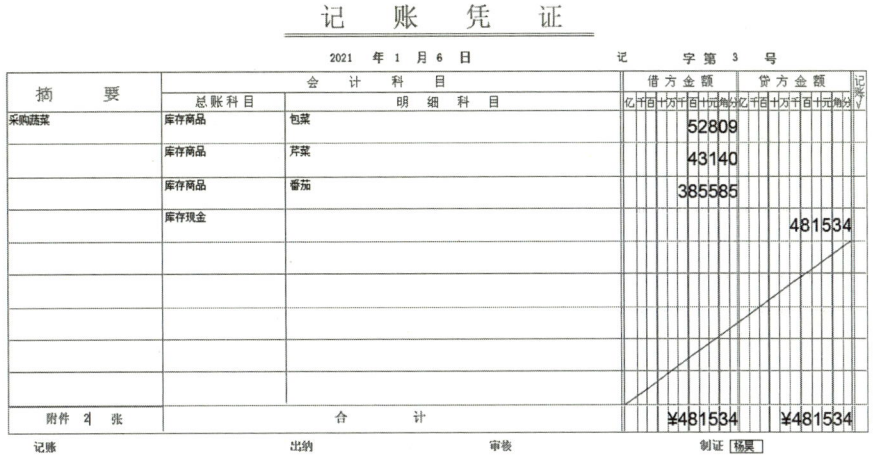

图 1-24 记账凭证

任务测练

万客来百货有限公司 2021 年 12 月 10 日购进鲜活农产品一批,增值税普通发票上载明在商品买价为 23 800 元,商品已验收入库,款项通过现金支付。任务测练如表 1-6 所示。

表 1-6 任务测练

问题	答案
1. 该业务涉及的原始凭证有哪些	
2. 填制该笔业务的记账凭证	
3. 比较鲜活农产品采购与一般商品采购在会计处理上的异同点	

任务评价

在表 1-7 中填写任务的总体评价。

表 1-7 任务评价

内容	自我评价(30%)	小组评价(30%)	教师评价(40%)	得分
1. 鲜活农产品采购基础知识(20 分)				
2. 鲜活农产品采购增值税的处理(20 分)				
3. 业务涉及原始凭证的填制与审核(30 分)				
4. 业务涉及记账凭证的填制与审核(30 分)				
合计				

【知识链接 7】 鲜活农副产品核算特点

（1）鲜活农副产品存在容易干耗、腐烂变质和损耗数量难易掌握的特点，因此在会计核算上难以控制其数量，一般易采用进价金额核算法，且只核算其金额；

（2）库存商品按实物负责人（营业柜、组）开设明细账户，分别核算各实物负责人商品收入、付出及结存的核算；

（3）库存商品按进价记账，只记金额，不记数量；

（4）平时不计算和结转已销商品成本，月末实地盘点商品实物结存数量，并按进价单价计算期末结存商品的进价金额，再倒挤已销商品成本。

【知识链接 8】 鲜活农产品增值税

有关法规规定，增值税一般纳税人销售免税农产品，不得开具增值税专用发票（法律、法规及国家税务总局另有规定的除外），这意味着其只能开具普通发票。另外，纳入增值税防伪税控一机多票系统的一般纳税人，销售免税农产品开具增值税普通发票时，由于免除了销项税额，故只能填写金额栏。不能填写税额栏，且必须按买价填写金额栏。

（二）联营、代销经营模式下商品购进业务

联营模式商业运作流程如下：日常供应商的商品统一入驻超市，商品由供应商专柜保管，专柜销售人员由供应商支付薪资，纳入超市的统一管理，商品执行超市的指导定价，由超市收取所售货款，月底超市根据该商品的销售情况收取一定比例的扣点作为收入。联营模式下，商品的控制权仍在供应商手中，超市不负责商品的进货、运输存储和商品毁损等，超市基本脱离商品的控制权。联营商品所销售款项不符收入确认条件，其实质属于代理销售。

代销商品是现代商场在商品经营活动中的另一种重要商业运作模式。其日常商业运作流程如下：供应商将商品以委托代销方式委托超市代销，待超市将受托代销商品销售之后，只向委托方收取代销手续费。对于超市来讲，所售商品不属于超市存货，商品销售款不符合收入准则确认条件，只应确认代销手续费收入。

任务描述

公司与太古可口可乐饮料有限公司签订合同，其商品采用联营模式经营。2021年1月10日，从太古可口可乐饮料有限公司购买饮料一批，价款1 693.28元，增值税税额220.12元，价税合计1 913.40元。2月份该批商品全部实现了销售，按价款的5%收取手续费。

任务目标

任务目标如表1-8所示。

表1-8 任务目标

1. 了解联营、代销经营模式下商品采购的业务流程
2. 掌握联营、代销购进业务的核算要点及原始凭证整理和记账凭证填制

任务图志

销货方开出的增值税专用发票(图1-25)。

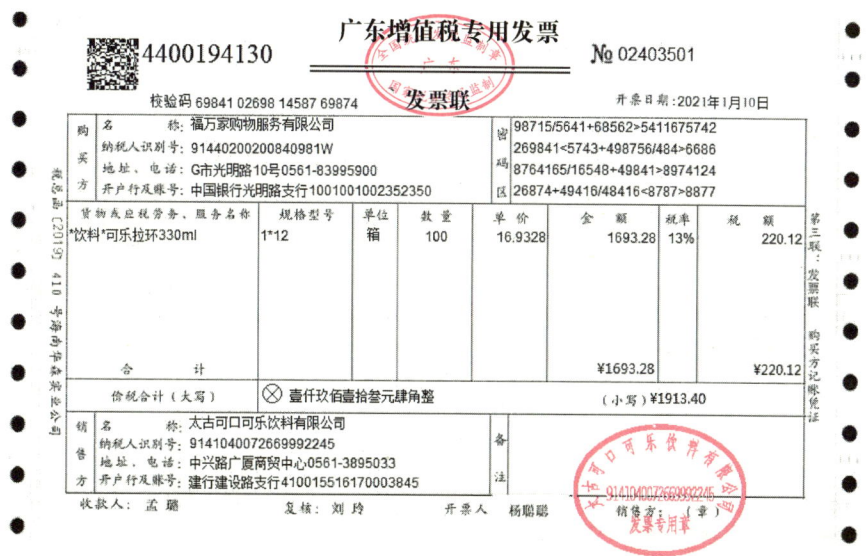

图 1-25　增值税专用发票

任务实践

收到商品时,以发票价格登记入账,实现销售后,扣除手续费,向委托代销方支付货款。记账凭证如图1-26至图1-29所示。

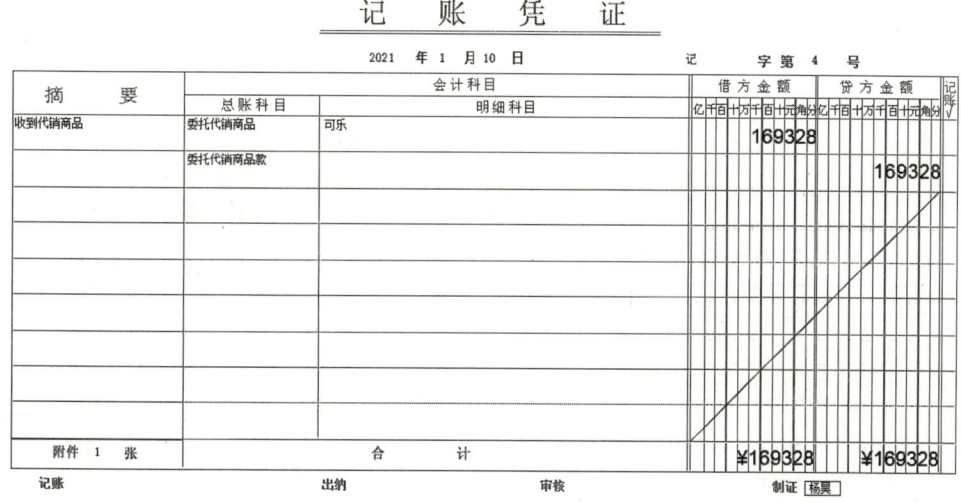

图 1-26　记账凭证(一)

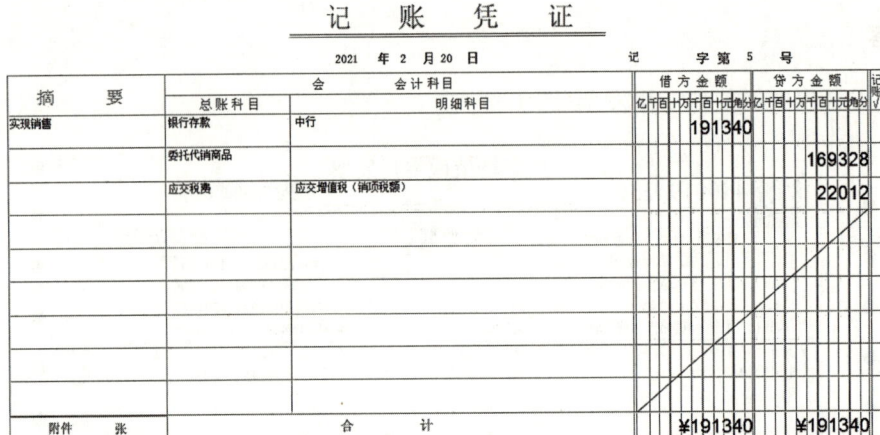

图 1-27　记账凭证(二)

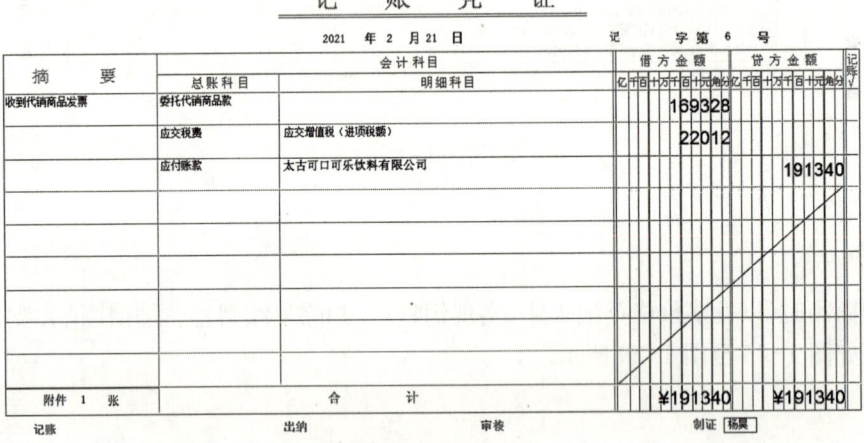

图 1-28　记账凭证(三)

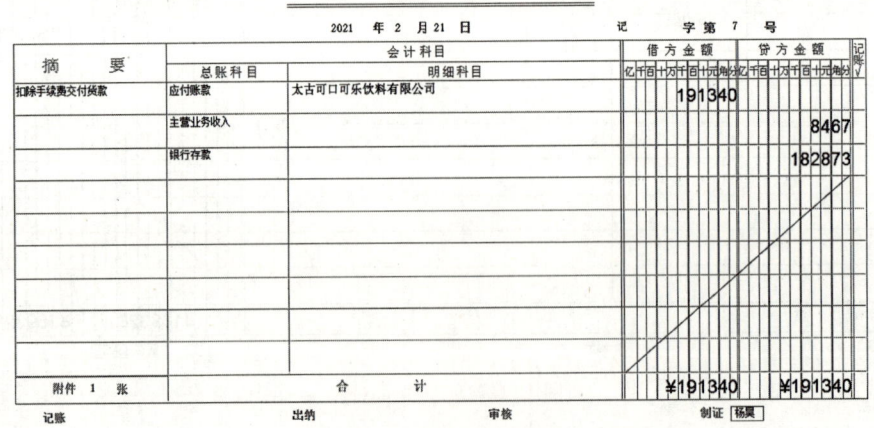

图 1-29　记账凭证(四)

任务测练

万客来百货有限公司 2021 年 12 月受托代销牛奶 300 箱,每箱含税售价为 80 元,当月销售 200 箱,双方议定代销手续费率为 10%。任务测练如表 1-9 所示。

表 1-9 任务测练

问题	答案
1. 收到委托代销商品购进的会计处理	
2. 联营与代销模式下采购核算与经销业务采购核算的区别	

任务评价

在表 1-10 中填写任务的总体评价。

表 1-10 任务评价

内容	自我评价(30%)	小组评价(30%)	教师评价(40%)	得分
1. 联营业务的基本流程(30 分)				
2. 代销业务的基本流程(30 分)				
3. 联营与代销模式下商品购进的核算(40 分)				
合计				

任务二　商品销售

一、商品销售业务的核算

现代超市商品销售收入的实现情况,可以通过收银电子信息系统随时了解和掌握。每日营业终了,即可通过设在财务部门的计算机终端便捷地获取商品销售情况及收入日报表。各收银台每日营业结束后,应由收银员填制缴款单,连同销货款一并送交财务部门。超市财务部门应对计算机输出的商品销售、货款收入日报表与各收银台提出的缴款单,进行必要及时的核对,然后通过计算机系统分类登记当日经销(自营)商品的销售收入、联营商品和代销商品的销售收入。

超市经销(自营)商品销售应通过"主营业务收入"账户进行核算。企业进行收入的账务处理可以是每日,也可以是定期 5 日、10 日等汇总确认。

二、商业零售企业收银的常用方式

(一) 现金收银业务

现金收银业务的操作程序主要包括收款、验钞、打单和找零等几个环节。现金包括纸币和电子货币(即数字人民币)。收款时,收银员根据顾客交来的购物小票(销售凭证),正确输入电子收银机(超市根据商品条码扫描输入机器中),计算出顾客的应交款金额。收取现金的同时应检验钞票的真伪。钞票检验无误后打印销售发票或销售清单,然后把顾客多交的现金找零,连同销售发票或销售清单一同交给顾客。随着目前新型支付手段的普及,现金收银业务已越来越少。

(二) 银行卡收银业务

由于银行卡有着使用安全、携带方便、购物优惠等诸多优点,目前,银行卡收款业务在商业零售业的收银业务中占据一定比例。银行卡收银业务的操作程序主要包括收验卡证、刷卡、签单、打单和退卡证等几个环节。银行卡主要包括借记卡和信用卡。当顾客持信用卡交款时,收银员应审核信用卡,确认无误后进行刷卡。刷卡后将信用卡结算清单交给顾客签字,同时打印销售发票或销售清单。最后,将卡和票一同交给顾客。

(三) 微信、支付宝结算方式收款

1. 付款码支付

付款码支付(图1-30)是指用户展示微信或支付宝钱包内的"付款码"给超市,系统扫描后直接完成支付,适用于线下场所面对面收银的场景。

图1-30 付款码支付

2. 刷脸支付

刷脸支付(图1-31)是指用户在刷脸设备前通过摄像头刷脸、识别身份后进行的一种支付方式,安全便捷。适用于线下实体场所的收银场景。

图1-31 刷脸支付

3. 小程序支付

小程序支付是指商户通过调用微信支付小程序支付接口,在微信小程序平台内实现支付功能;用户打开商家助手小程序下单,输入支付密码并完成支付后,返回商家小程序。它适用于线上销售业务。

4. APP支付

APP支付是指商户通过在移动端应用APP中完成支付。适用于通过移动端APP来完成线上销售业务。

(四)云闪付

云闪付是非现金收付款移动交易结算工具,是在中国人民银行的指导下,由中国银联携手各商业银行和支付机构等产业各方,共同开发建设、共同维护运营的移动支付APP。作为各方联手打造的全新移动端统一入口,银行业统一APP"云闪付"汇聚各家机构的移动支付功能与权益优惠,致力成为消费者省钱省心的移动支付管家。消费者通过"云闪付"APP即可绑定和管理各类银行账户,并使用各家银行的移动支付服务及优惠权益。

三、新型支付方式实体店销售业务核算实务

任务描述

2021年1月11日,根据商场计算机信息管理系统及各收银台缴款单,公司当日经销商品销售收入为220 603.44元。其中,顾客以现金结算为53 537.4元,信用卡结算为20 000元(信用卡支付手续费率为1‰),通过微信、支付宝、云闪付收款147 066.04元,支付网络支付手续费314.34元。

任务目标

任务目标如表 1-11 所示。

表 1-11 任务目标

1. 了解商品零售企业经销商品销售的业务流程
2. 填制和审核掌商品零售企业经销商品销售业务所涉及原始凭证
3. 掌握商品零售企业经销商品销售的业务的账务处理
4. 掌握支付宝、微信等新型支付结算方式核算要点

任务图志

福万家超市的零售收入汇总表和收款回单如图 1-32 至图 1-34 所示。

福万家超市零售收入汇总表

收款方式	收款金额	手续费
现金	53537.4	0
银行卡	20000	200
微信、支付宝、云闪付	147066.04	314.34
合计	220603.44	514.34

图 1-32 零售收入汇总表

中国银行 BANK OF CHINA

国内支付业务收款回单

客户号：459452141　　日期：2021年 1月12日

收款人账号：1001001002352350　　**付款人账号：**0000300000000181

收款人名称：福万家购物服务有限公司　　**付款人名称：**银联商务股份有限公司客户备付金

收款人开户行：中国银行光明路支行　　**付款人开户行：**中国银联股份有限公司

金额：CNY 19800.00

人民币壹万玖仟捌佰元整

报文种类：beps.121.001.01-客户发起普通贷记业务报文
业务类型：A100-普通汇兑　　收支申报号：
业务标识号：202005023358258　　业务编号：
发起行行号：905290000008　　接收行行号：10451126785
发起行名称：中国银联股份有限公司　　接收行名称：中国银行股份有限公司

入账账号：100100100235235　　入账户名：福万家购物服务有限公司

用途：

附言：0502-0502费200元

如您已通过银行网点取得相应纸质回单，请注意核对，勿重复记账！

中国银行股份有限公司 电子回单专用章

交易机构：11470　　交易渠道：其他　　交易流水号：102933562-991　　经办：

图 1-33 支付业务收款回单(一)

```
                    中国银行              国内支付业务收款回单
                    BANK OF CHINA
客户号: 459452141                              日期: 2021年 1月12日
收款人账号: 1001001002352350                    付款人账号: 0000300000000181
收款人名称: 福万家购物服务有限公司                付款人名称: 银联商务股份有限公司客户备付金
收款人开户行: 中国银行光明路支行                  付款人开户行: 中国银联股份有限公司
金额: CNY.146751.70
     人民币壹拾肆万陆仟柒佰伍拾壹元柒角整
报文种类: beps.121.001.01-客户发起普通贷记业务报文
业务类型: A100-普通汇兑                          收支申报号:
业务标识号: 2020050233358258                    业务编号:
发起行行号: 905290000008                        接收行行号: 10451126785
发起行名称: 中国银联股份有限公司                  接收行名称: 中国银行股份有限公司
入账账号: 100100100235235                       入账户名: 福万家购物服务有限公司
用途:
附言: 0502-0502费314.34元
                                                              (中国银行股份有限公司
                                                               电子回单专用章)
如您已通过银行网点取得相应纸质回单,请注意核对,勿重复记账!
交易机构: 11470    交易渠道: 其他    交易流水号: 102933562-991    经办:
```

图 1-34 支付业务收款回单(二)

任务口诀

销售商品供劳务,记"主营业务收入"。
期末结转无余额,贷加借减要记熟。

任务实践

(1)确认超市现金收入,有关记账凭证如图 1-35 所示。

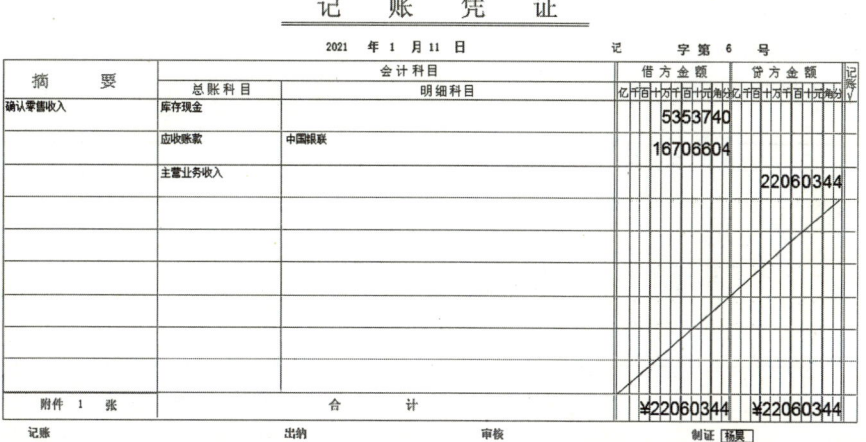

图 1-35 记账凭证(一)

(2)微信、支付宝、云闪付收款,中国银联扣除手续费,实际收到款项时填制记账凭证(图1-36)。

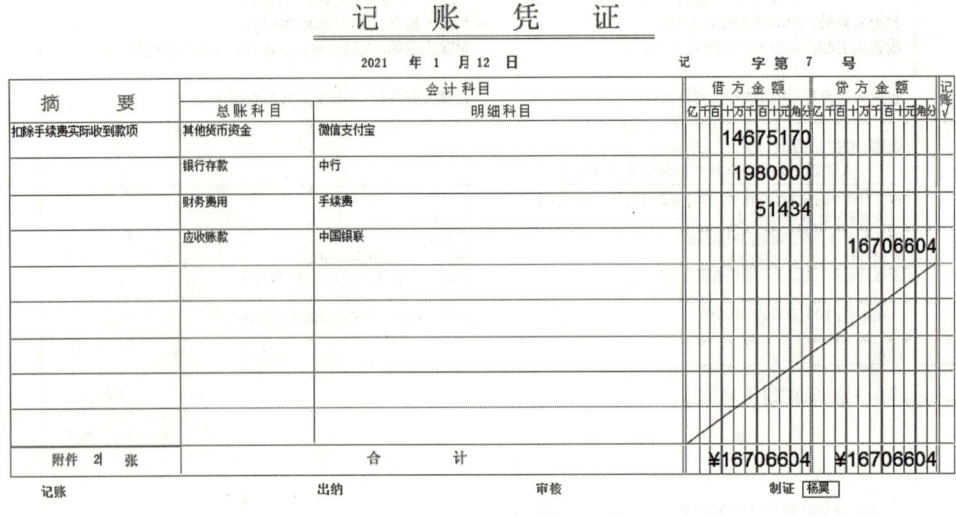

图1-36 记账凭证(二)

任务测练

万客来百货有限公司2021年12月20日通过微信、支付宝、云闪付共收款128 768元,支付网络支付手续费1 287.68元,实际到账127 480.32元。任务测练内容如表1-12所示。

表1-12 任务测练

问题	答案
1. 该笔业务如何进行账务处理	
2. 简要描述微信、支付宝、云闪付在商业零售企业收款业务中的应用流程	

任务评价

在表1-13中填写任务的总体评价。

表1-13 任务评价

内容	自我评价(30%)	小组评价(30%)	教师评价(40%)	得分
1. 支付宝、微信收款的基本流程(30分)				

(续表)

内容	自我评价(30%)	小组评价(30%)	教师评价(40%)	得分
2. 云闪付收款的基本流程（30分）				
3. 新型支付方式收款的核算（40分）				
合计				

四、租赁收入业务

任务描述

公司将超市柜台租赁给商户张雨经营，按合同约定 2021 年 1 月应收张雨管理费 1 358.49 元，租金 220.18 元，包装袋等消耗品费用 83.19 元，合计 1 661.86 元，增值税 112.15 元，价税合计 1 774.01 元。款项尚未收到。

任务图志

增值税专用发票，如图 1-37 所示。

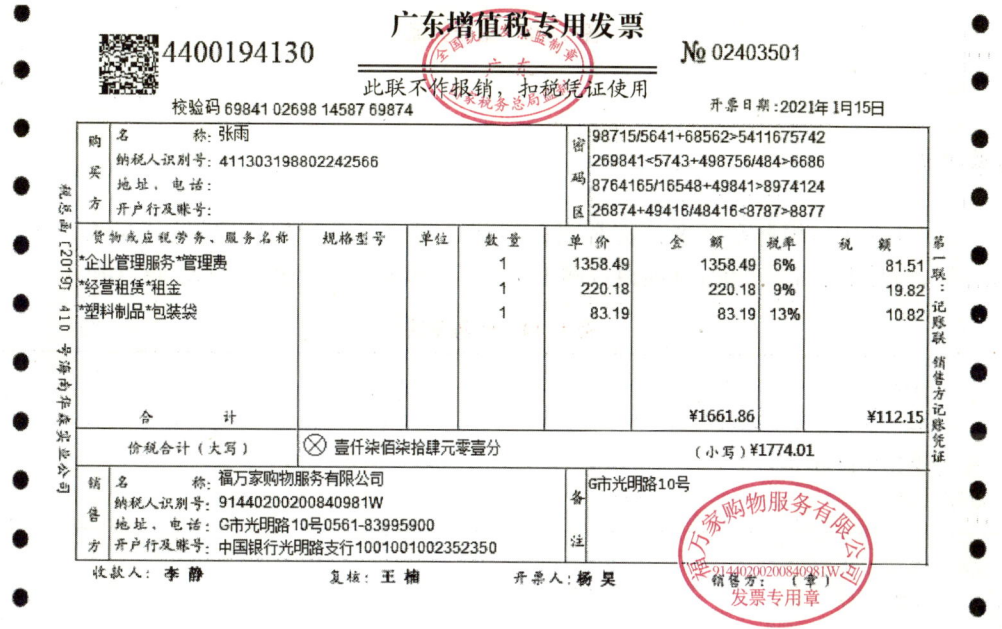

图 1-37 增值税专用发票

任务口诀

租赁还未收到钱,借方"其他应收款"。
借方加呀贷方减,该账户属于资产。

任务实践

记账凭证,如图 1-38 所示。

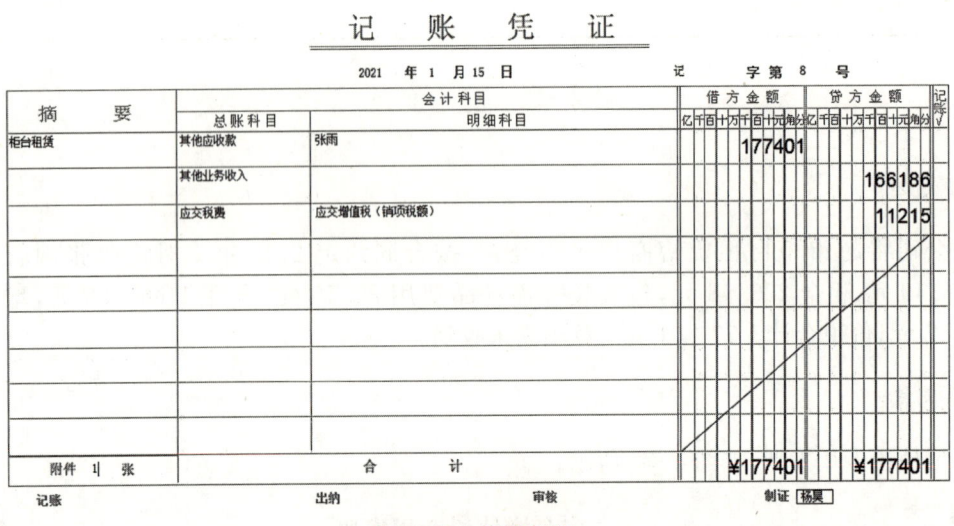

图 1-38 记账凭证

任务测练

2021 年 12 月,根据万客来百货有限公司与某商户签订的租赁协议,公司收到其押金 5 000 元,当月租金 1 500 元,款项通过网上银行转账收取。任务测练如表 1-14 所示。

表 1-14 任务测练

问题	答案
1. 该笔业务如何进行账务处理	
2. 简述商品零售企业对外租赁业务的应用流程	

任务评价

在表1-15中填写任务的总体评价。

表1-15 任务评价

内容	自我评价(30%)	小组评价(30%)	教师评价(40%)	得分
1. 商品零售企业对外租赁业务的基本流程(30分)				
2. 商品零售企业对外租赁业务的会计核算(30分)				
3. 对比租赁业务与经销业务、联营业务、代销业务账务处理要点(40分)				
合计				

任务三　日　常　费　用

本教材所指的超市日常费用,是指期间费用,即企业当期发生的不能直接或间接归于某种产品成本的、直接计入损益的各项费用,包括销售费用和管理费用。

一、销售费用业务举例

任务描述

2021年1月20日,公司在微信服务号、抖音等新媒体平台发生营销推广费用2 000元,款项通过网上银行支付。

任务图志

(1)收到提供服务开出的增值税专用发票(图1-39)。
(2)根据增值税专用发票,进行网银转账后收到回单(图1-40)。

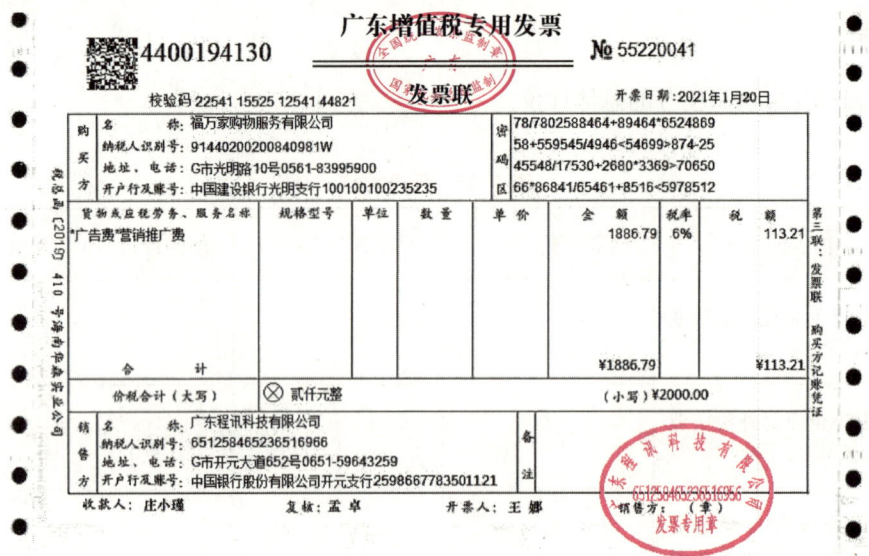

图 1-39　增值税专用发票

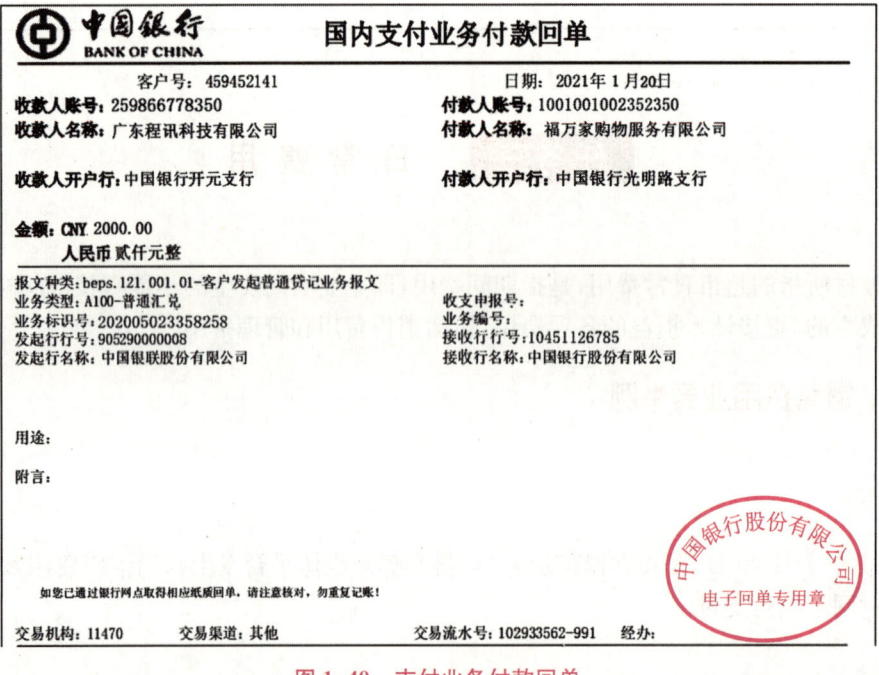

图 1-40　支付业务付款回单

任务口诀

广告费呀不能省，借方记"销售费用"。
期末结转无余额，借加贷减要弄懂。

任务实践

记账凭证如图 1-41 所示。

摘要	会计科目		借方金额	贷方金额
	总账科目	明细科目		
支付广告推广费	销售费用	广告费	188679	
	应交税费	应交增值税（进项税额）	11321	
	银行存款	中行		200000
附件 2 张	合计		¥200000	¥200000

图 1-41　记账凭证

二、管理费用业务举例

任务描述

2021 年 1 月，使用支付宝为本公司经营用车辆支付加油费用 13 980 元。

任务图志

（1）由加油站开出的增值税专用发票（图 1-42）。

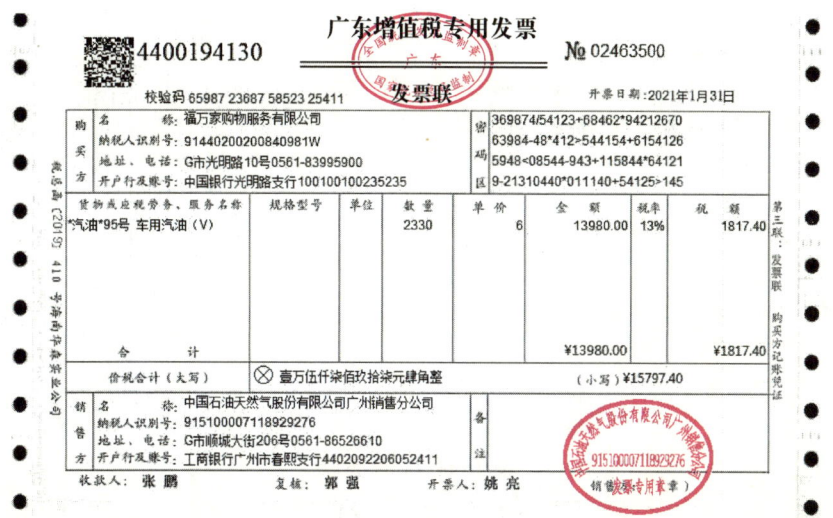

图 1-42　增值税专用发票

（2）支付宝支付界面（图1-43）。

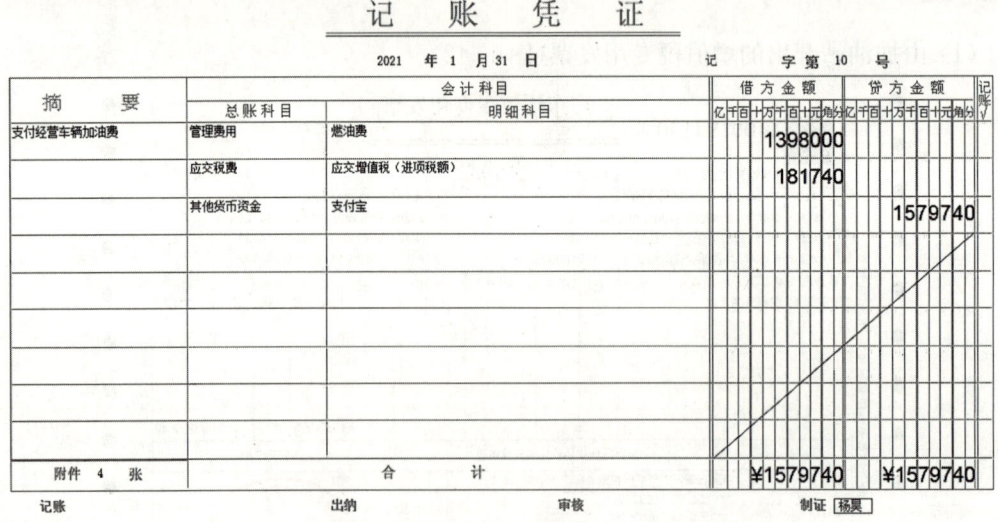

图 1-43　支付宝支付界面

任务实践

根据增值税专用发票和支付宝支付界面，填制记账凭证（图1-44）。

记　账　凭　证

2021 年 1 月 31 日　　　　　记　字第 10 号

摘要	会计科目		借方金额	贷方金额
	总账科目	明细科目	亿千百十万千百十元角分	亿千百十万千百十元角分
支付经营车辆加油费	管理费用	燃油费	1398000	
	应交税费	应交增值税（进项税额）	181740	
	其他货币资金	支付宝		1579740
附件 4 张	合　　　计		¥1579740	¥1579740

记账　　　　　出纳　　　　　审核　　　　　制证 杨雯

图 1-44　记账凭证

任务四　成本及利润形成核算

任务描述

2021年1月，公司实现主营业务收入 1 535 680 元，按售价金额核算法核算。本月商品进销差价率为 22%，结转本月已销商品成本。其他收入、费用类发生额如表 1-16 所示。

表1-16　收入费用表

项目	金额（元）	备注
主营业务收入	1 535 680	
主营业务成本	—	
其他业务收入	123 800	租赁经营收入
其他业务成本	72 000	
管理费用	98 536	
销售费用	86 350	
财务费用	3 465	
税金及附加	19 964	

月末，将相关损益类账户进行结转，计算当期利润总额及所得费费用。

任务目标

任务目标如表 1-17 所示。

表1-17　任务目标

1. 掌握商品零售企业成本核算的要点
2. 掌握商品零售企业利润核算的要点

任务实践

本月已销商品应分摊的进销差价＝1 535 680×22‰＝337 849.6(元)
本月销售商品成本＝本月商品销售收入－本月已销商品应分摊的进销差价
　　　　　　　＝1 535 680－337 849.6＝1 197 830.4(元)
结转本月已销的商品成本(图1-45)。

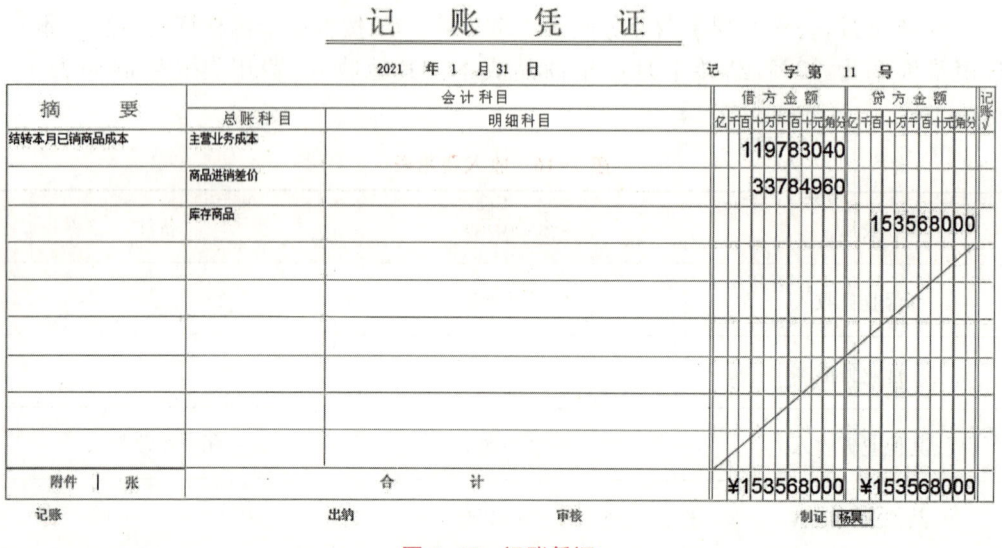

图1-45　记账凭证

结转本月的损益类账户(图1-46和图1-47)。

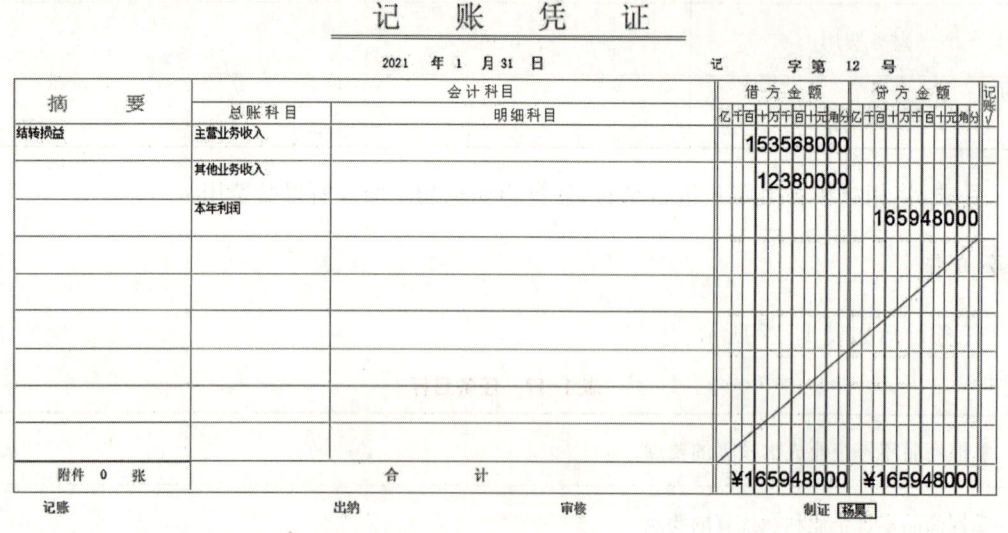

图1-46　记账凭证(一)

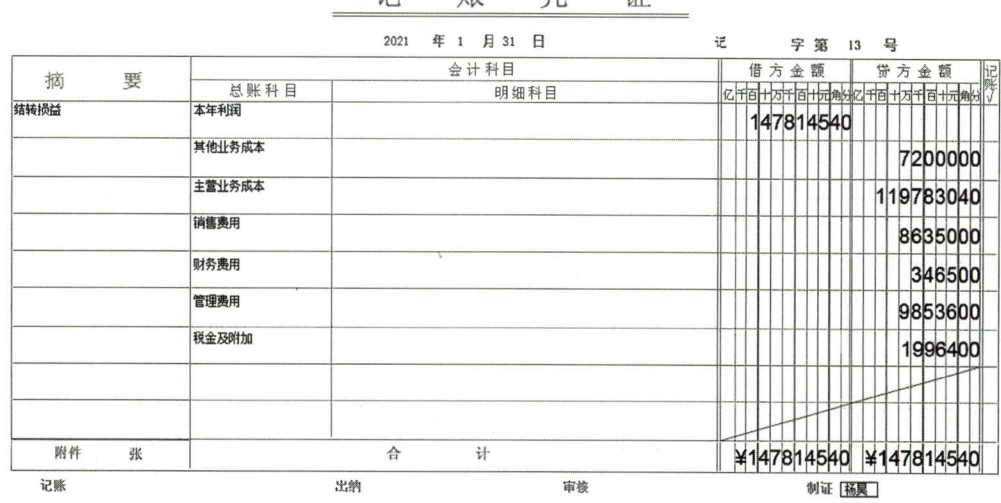

图 1-47　记账凭证(二)

任务测练

万客来百货有限公司 2021 年 12 月 31 日有关损益类科目的年末余额,如表 1-18 所示。(该企业采用表结法年末一次结转损益类账户、所得税税率为 25%)

表 1-18　收入费用表

项目	金额(元)	备注
主营业务收入	8 000 000	
主营业务成本	6 000 000	
其他业务收入	500 000	
其他业务成本	400 000	
管理费用	700 000	
销售费用	500 000	
财务费用	100 000	
税金及附加	80 000	

任务测练如表 1-19 所示。

表 1-19　任务测练

问题	答案
1. 结转收入的账务处理	
2. 结转费用成本的账务处理	

任务评价

在表 1-20 中填写任务的总体评价。

表 1-20　任务评价

内容	自我评价(30%)	小组评价(30%)	教师评价(40%)	得分
1. 结转收入的账务处理(50分)				
2. 结转费用成本的账务处理(50分)				
合计				

案例二

华晟名车专修连锁

案例目录

任务一 企业概况 ················· 039
    一、背景资料 ················· 039
    二、公司各部门职能设置及其主要工作流程 ················· 039
        （一）公司各部门职能设置 ················· 039
        （二）公司经营方式 ················· 039
        （三）车辆报修流程 ················· 040

任务二 华晟公司汽车业务核算 ················· 041
    一、车辆保养 ················· 041
    二、汽车保养促销业务 ················· 047
    三、汽车维修业务 ················· 051
    四、汽车保险业务 ················· 056
    五、汽车营销业务 ················· 060
    六、计提本月工资 ················· 062
    七、月末损益结转 ················· 066

任务一　企业概况

一、背景资料

华晟名车专修连锁（以下简称华晟公司）是一家拥有汽修、汽配和软件数据服务三大业务板块的全国性汽修服务集团，是豪车专修的创立者和领跑者，为中高端汽车车主和汽修服务门店提供数字化汽修整体解决方案，是真正实现汽修汽配一体化并持续性盈利的企业。其主要从事汽车修理修配保养、汽车故障诊断、车品配件、车险理赔和 24 小时救援等业务。

二、公司各部门职能设置及其主要工作流程

华晟公司主要下设财务部、销售部、维修部等，以汽车修理修配保养、汽车故障诊断等业务为主，均设有标准流程。

（一）公司各部门职能设置

华晟公司财务部主要负责公司日常财务核算、调配，做好有关的单据审核及财务处理，做好员工工资核对与发放工作以及定期进行财务盘点。维修部下设两个分部，负责日常汽车业务的处理。各部门职能分配如图 2-1 所示。

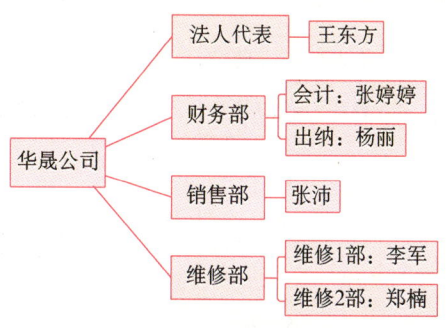

图 2-1　华晟公司部门职能分配

（二）公司经营方式

华晟公司以合作和加盟为主要经营方式（表 2-1）。

表 2-1　华晟公司经营方式

合作店	由华晟公司控股经营的连锁店，合作方需要提供场地等资源且接受华晟公司统一管理，不参与店面经营，经过华晟公司总部评估后可以小部分参股
加盟店	由加盟商独立出资成立，经华晟公司授权认可后，由加盟商自主经营、自负盈亏的连锁店

(三)车辆报修流程

车辆报修流程,如图 2-2 所示。

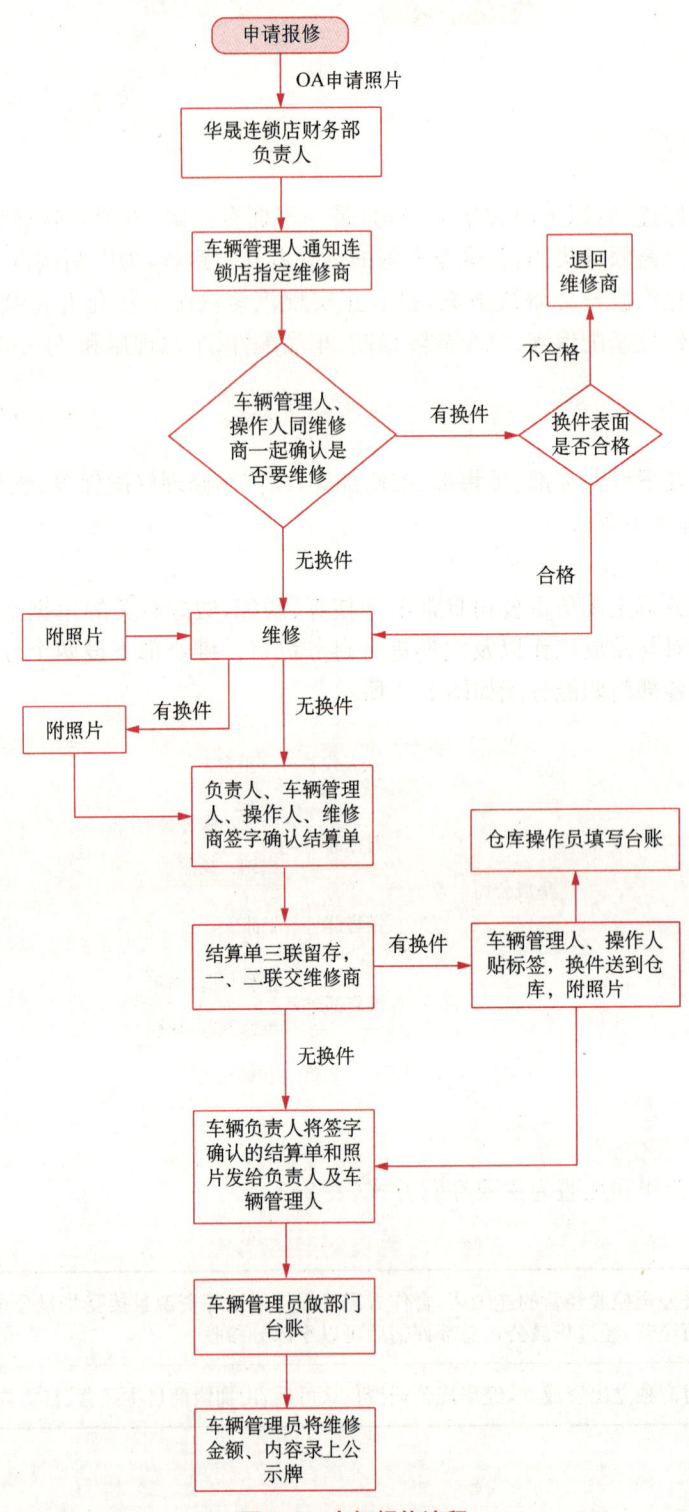

图 2-2　车辆报修流程

任务二　华晟公司汽车业务核算

一、车辆保养

汽车保养是指定期对汽车相关部分进行检查、清污、补给、润滑、调整或更换某些零件的预防性工作，又称汽车维护。

任务描述

2021 年 8 月 5 日，华晟公司保养一辆奥迪 A4L 豫 R12345，保养收入 565 元，仓库领用原材料 320 元。随后，客户刷信用卡支付保养费用（公司使用拉卡拉 POS 机完成收付款，信用卡手续费 0.55%，增值税税率 13%）。

任务目标

任务目标如表 2-2 所示。

表 2-2　任务目标

出纳	POS 机刷卡
会计	原始凭证整理、记账凭证填制

任务图志

（1）连锁店根据客户要求，派遣维修 1 部李军进行车辆保养服务，派工单如图 2-3 所示。

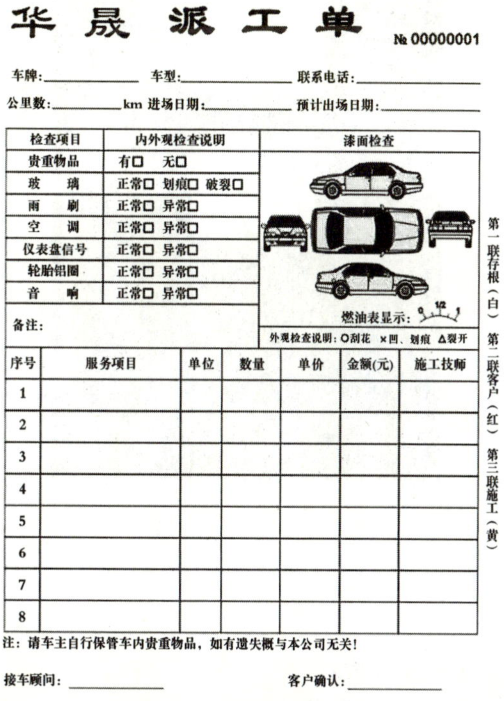

华 晟 派 工 单　№ 00000001

车牌：＿＿＿＿　车型：＿＿＿＿　联系电话：＿＿＿＿

公里数：＿＿＿＿km　进场日期：＿＿＿＿　预计出场日期：＿＿＿＿

检查项目	内外观检查说明	漆面检查
贵重物品	有☐　无☐	
玻　璃	正常☐ 划痕☐ 破裂☐	
雨　刷	正常☐ 异常☐	
空　调	正常☐ 异常☐	
仪表盘信号	正常☐ 异常☐	
轮胎铝圈	正常☐ 异常☐	
音　响	正常☐ 异常☐	燃油表显示：0 1/2 1
备注：		外观检查说明：O刮花 ×凹、划痕 Δ裂开

序号	服务项目	单位	数量	单价	金额(元)	施工技师
1						
2						
3						
4						
5						
6						
7						
8						

第一联存根（白）　第二联客户（红）　第三联施工（黄）

注：请车主自行保管车内贵重物品，如有遗失概与本公司无关！

接车顾问：＿＿＿＿　客户确认：＿＿＿＿

图 2-3　华晟派工单

(2) 维修1部李军去仓库领用原材料,领料单如图2-4所示。

领 料 单

领料部门:维修1部		领料单号:00000035		派工单号:00000049			编制日期: 2021 年 08 月 05 日		
序号	材料编码	材料名称	单位	材料规格	加工产品	领用数量	领用时间	备 注
1	012001	机油	升		A4L	6	2021.08.05	
2	013011	机滤	个		A4L	1	2021.08.05	
3	013012	刹车油	升		A4L	1	2021.08.05	

仓管员:赵海　　　　　车间管理员:

第一联:生产计划部存留

图 2-4　领料单

(3) 保养完成,客户确认无误后,通过POS机刷卡支付(图2-5),收到回单。

图 2-5　POS机刷卡支付

任务口诀

主营费用要记准,记"主营业务成本"。
期末结转无余额,金额转"本年利润"。

赊销商品未收钱,要记入"应收账款"。

借方加呀贷方减,该账户属于资产。

任务实践

以领料单、POS机回单为原始凭证,填制记账凭证(图2-6至图2-11)。

1. 领用原材料进行汽车保养

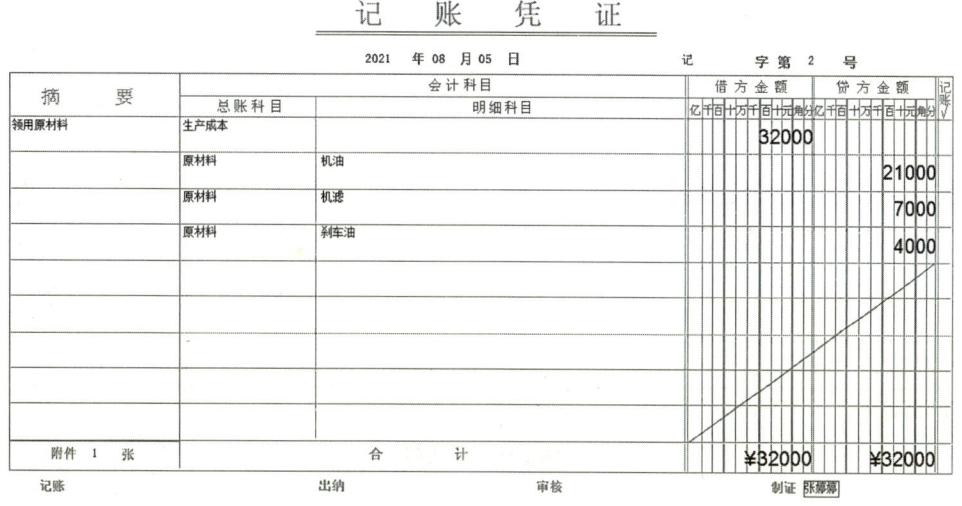

图2-6　记账凭证(一)

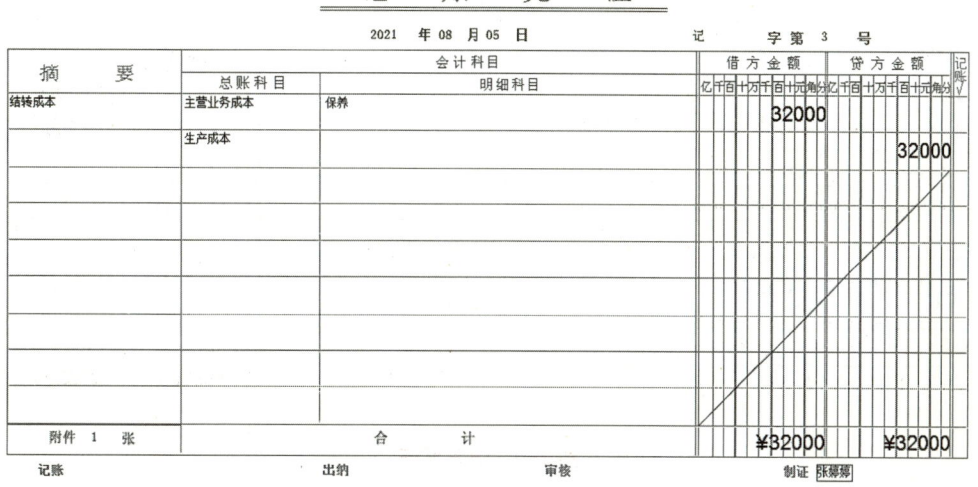

图2-7　记账凭证(二)

领　料　单

领料部门：维修1部　　领料单号：00000035　　派工单号：00000049　　编制日期：2021 年 08 月 12 日

序号	材料编码	材料名称	单 位	材料规格	加工产品	领用数量	领用时间	备 注
1	012001	机油	升		A4L	6	2021.08.05	
2	013011	机滤	个		A4L	1	2021.08.05	
3	013012	刹车油	升		A4L	1	2021.08.05	

仓管员：赵海　　　　　　　　　　车间管理员：

第一联：生产计划部存留

图 2-8　领料单

2. 确认保养业务收入

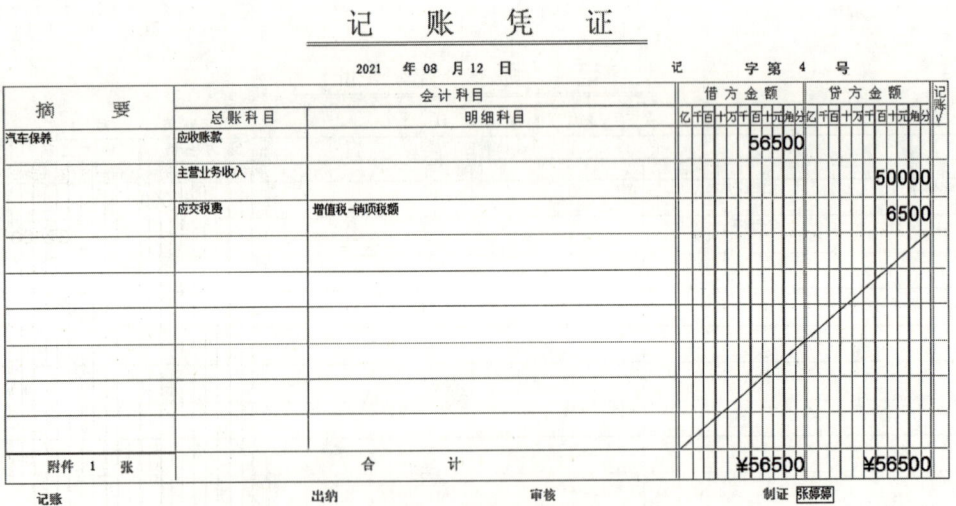

图 2-9　记账凭证

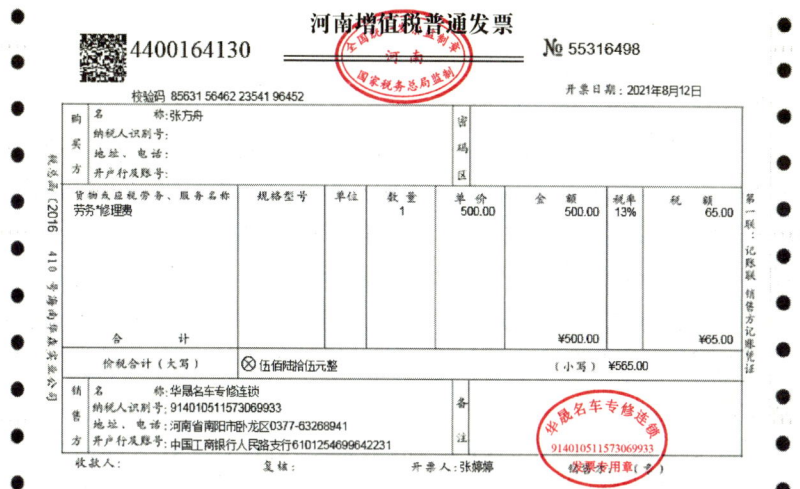

图 2-10　增值税普通发票

3. 收到客户款项

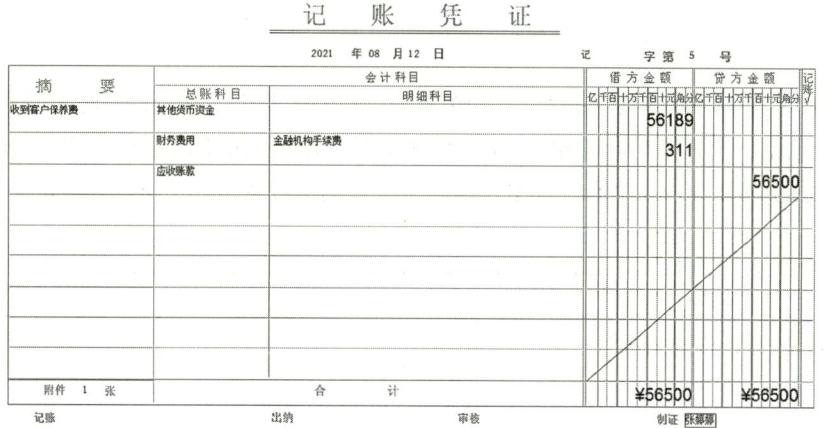

图 2-11　记账凭证

POS 机签购单如图 2-12 所示。

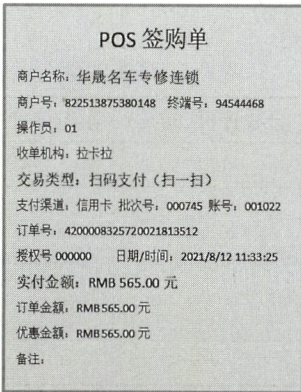

图 2-12　POS 机签购单

任务提高

小知识——银联闪付

银联闪付是中国银联的产业品牌之一,标示银联非接触式支付产品,具备小额快速支付的特征。只有具备"闪付"功能模块的POS才能使用闪付功能。用户选购商品或服务,确认相应金额,用具备"闪付"功能的金融IC卡或银联移动支付产品,在支持银联"闪付"的非接触式支付终端上,轻松一挥便可快速完成支付。一般来说,单笔金额不超过1 000元,无需输入密码和签名。非接触式"闪付"终端,主要覆盖日常小额快速支付商户,包括超市、便利店、百货、药房、快餐连锁等零售场所和菜市场、停车场、加油站、旅游景点等公共服务领域。

小知识——拉卡拉

拉卡拉支付成立于2005年,是国内领先的第三方支付企业,主要提供支付、征信、融资、社区金融等金融产品和服务。服务线下实体,从支付切入,全方位为中小微商户的经营赋能。拉卡拉支付通过"线上+线下""硬件+软件"的形式,为中小微商户提供支付收单服务和经营服务等,推出了拉卡拉智能POS、拉卡拉收钱宝盒、拉卡拉收款宝、拉卡拉云小店、拉卡拉收款码、拉卡拉汇管店等产品。

任务测练

2021年8月12日,华晟公司保养一辆奔驰,保养收入539元,仓库领用原材料396元(机油5 L,机滤1个),随后客户刷信用卡支付保养费用(公司使用拉卡拉POS机完成收付款,信用卡手续费0.55%,增值税税率13%)。任务测练如表2-3所示。

表2-3 任务测练

问题	答案
1. 该业务涉及的原始凭证有哪些	
2. 填制该笔业务的记账凭证	
3. 模拟使用POS机业务支付该笔保养费用	

任务评价

在表2-4中填写任务的总体评价。

表2-4 任务评价

内容	自我评价(30%)	小组评价(30%)	教师评价(40%)	得分
1. POS机消费基本流程(30分)				
2. 汽车保养业务涉及原始凭证的填制和审核(30分)				
3. 汽车保养业务涉及记账凭证的填制与审核(40分)				
合计				

二、汽车保养促销业务

任务描述

2021 年 8 月 8 日，华晟公司做促销活动，保养预存两次送一次，客户奥迪 Q7 豫 R11111 单次原价保养 639 元。随即该客户在店预存两次保养费 1 278 元，并用微信扫码支付，单次促销价为 426 元。预存当天，客户就做了一次保养，仓库领用 300 元原材料。（公司使用拉卡拉 POS 机，扫码手续费 0.27%，增值税税率 13%）

任务目标

本项目的目标如表 2-5 所示。

表 2-5　任务目标

出纳	POS 机二维码收款
会计	原始凭证整理、记账凭证填制

任务图志

1. 连锁店根据客户要求，派遣维修 1 部李军进行车辆保养服务

派工单如图 2-13 所示。

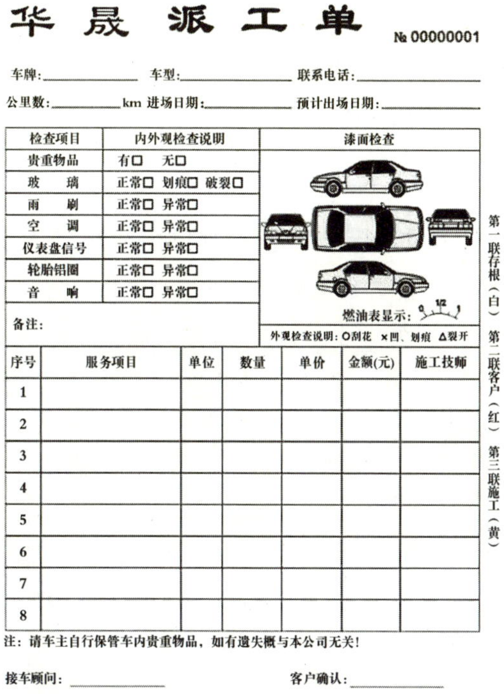

华晟派工单　№ 00000001

车牌:________　车型:________　联系电话:________

公里数:________km　进场日期:________　预计出场日期:________

检查项目	内外观检查说明
贵重物品	有□　无□
玻　璃	正常□ 划痕□ 破裂□
雨　刷	正常□ 异常□
空　调	正常□ 异常□
仪表盘信号	正常□ 异常□
轮胎铝圈	正常□ 异常□
音　响	正常□ 异常□

备注:

漆面检查

燃油表显示: 0 1/2 1

外观检查说明: O刮花 ×凹、划痕 △裂开

序号	服务项目	单位	数量	单价	金额(元)	施工技师
1						
2						
3						
4						
5						
6						
7						
8						

注: 请车主自行保管车内贵重物品，如有遗失概与本公司无关!

接车顾问:________　客户确认:________

第一联存根（白）第二联客户（红）第三联施工（黄）

图 2-13　华晟派工单

2. 维修1部李军去仓库领用原材料

领料单如图2-14所示。

领料单

领料部门：维修1部		领料单号：00000057			派工单号：00000078			编制日期：2021年08月08日	
序号	材料编码	材料名称	单位	材料规格	加工产品	领用数量	领用时间	备注
1	012001	机油	升		Q7	6	2021.08.08	
2	013011	机滤	个		Q7	1	2021.08.08	
3	013012	空气滤芯	个		Q7	1	2021.08.08	

第一联：生产计划部存留

仓管员：赵海　　　　车间管理员：

图 2-14　领料单

3. 保养完成，客户确认无误后，通过POS机扫描微信二维码支付，收到回单

任务口诀

购物时刷银行卡，贷记"银行存款"呀。

密码一定要复杂，刷卡谨慎莫忘了。

任务实践

将原始凭证传递给会计人员进行记账凭证的填制（图2-15至图2-19）。

1. 客户预存保养费

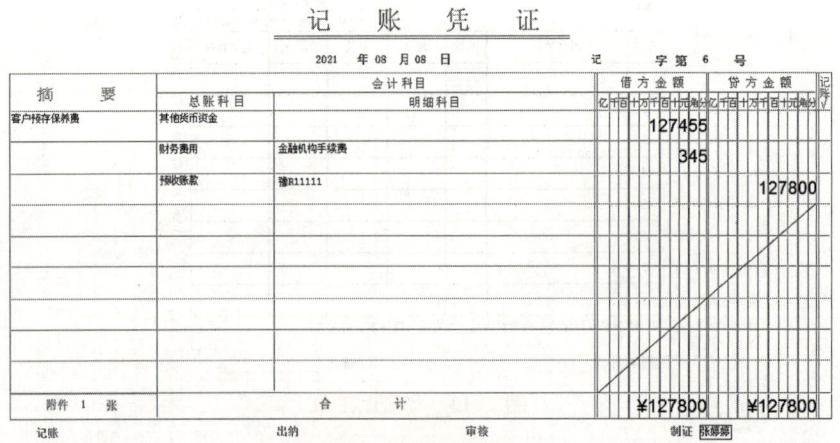

摘要	总账科目	明细科目	借方金额	贷方金额
客户预存保养费	其他货币资金		127455	
	财务费用	金融机构手续费	345	
	预收账款	豫R11111		127800
附件 1 张	合　计		¥127800	¥127800

记账凭证　2021年08月08日　记字第6号

图 2-15　记账凭证（一）

2. 领用原材料进行保养

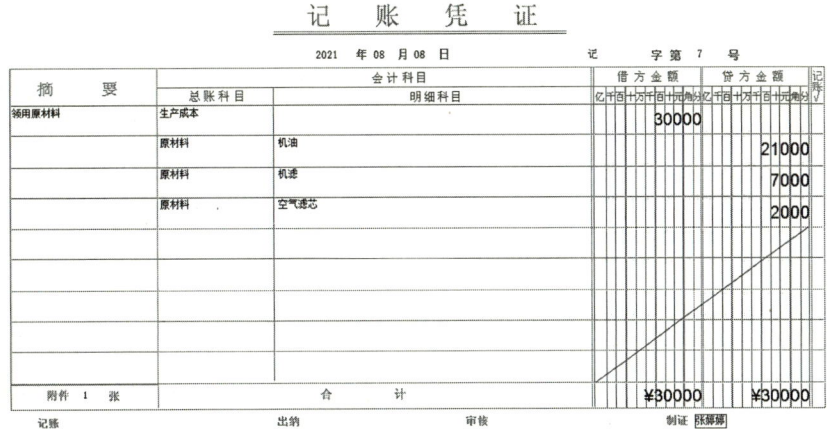

图 2-16　记账凭证(二)

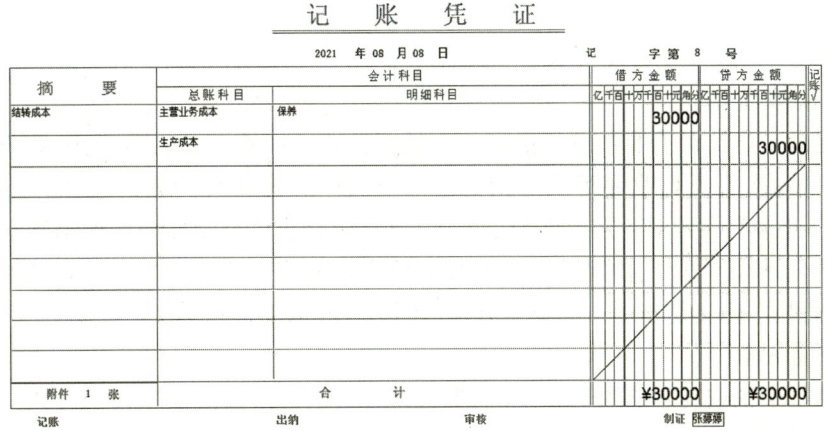

图 2-17　记账凭证(三)

3. 客户进行保养，确认收入

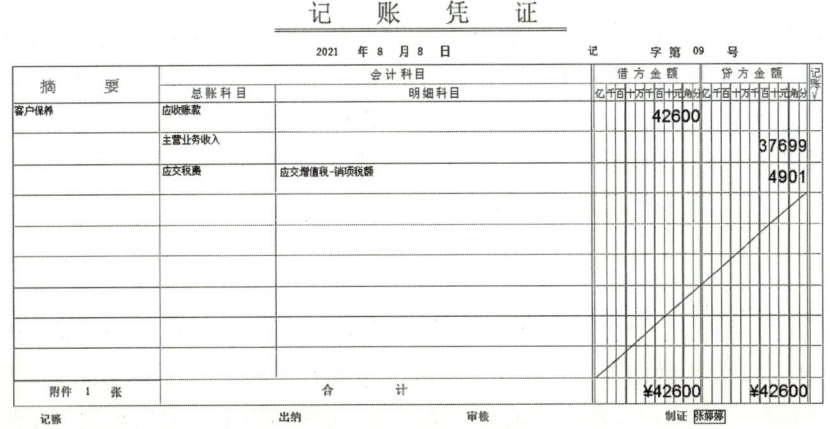

图 2-18　记账凭证(四)

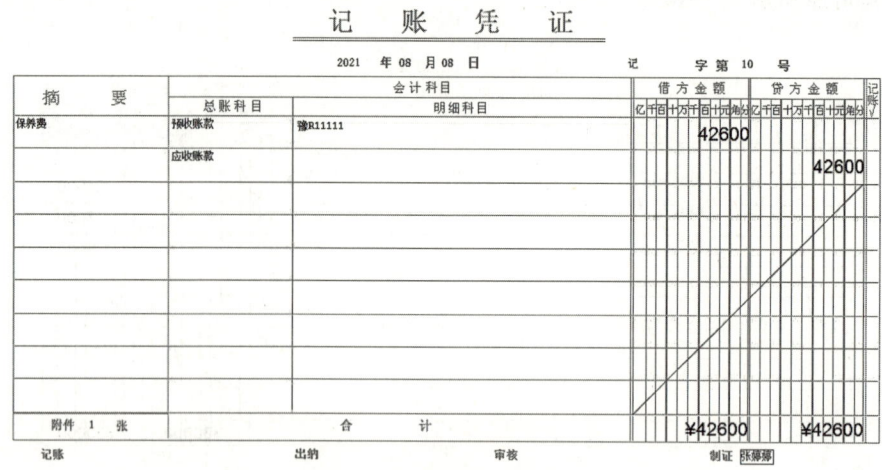

图 2-19　记账凭证(五)

任务提高

小知识——抽奖促销

抽奖促销是指针对消费者侥幸获奖的心理而设置的抽奖模式,从而吸引消费者购物的促销方式。根据《关于企业促销展业赠送礼品有关个人所得税问题的通知》(财税〔2011〕50号)规定,此抽奖促销活动需要缴纳个人所得税,所以建议企业务必在促销活动中说明奖金是税前奖金,税由企业代扣代缴。抽奖本身不做账务处理,客户中奖后,借记"销售费用",贷记"库存商品""应交税费——应交增值税",同时计收取的代扣个税——偶然所得20%。

小知识——金税盘

金税盘是金税控制系统的安装盘,主要用途有开票、抄税、清卡和领购发票。金税系统工程,是依托计算机网络、国家税务总局和省局而建立的、高度集中处理信息的系统。它覆盖所有税种、所有工作环节,包括征管业务、行政管理、外部信息、决策支持四大子系统的税收管理信息系统。其中,金税三期的功能更加强大,运行更加顺畅,内容更加完备,流程更加合理。金税三期的总体目标为建立"一个平台、两级处理、三个覆盖、四个系统"。一个平台指包含网络硬件和基础软件的、统一的技术基础平台;两级处理指依托统一的技术基础平台,逐步实现数据信息在国家税务总局和省局的集中处理。三个覆盖指应用内容逐步覆盖所有税种,覆盖所有工作环节,覆盖各级国、地税机关并与相关部门联网。四个系统指通过业务重组、优化和规范,逐步形成一个以征管业务系统为主,包括征管服务、行政管理、外部信息和决策支持在内的四个应用系统软件。

任务测练

2021年8月18日,华晟公司做促销活动,保养预存两次送一次,客户奥迪 Q7 豫 R22222 单次原价保养564元。随即该客户在店预存两次保养费1128元,并用微信扫码支付,单次促销价为376元。预存当天,客户就做了一次保养,仓库领用270元原材料(机油5 L,刹车油1 L,空气滤芯1个)。(公司使用拉卡拉POS机完成收付款,扫码手续费0.27%,增值税税率13%)。任务测练如表2-6所示。

表2-6 任务测练

问题	答案
1. 该业务涉及的原始凭证有哪些	
2. 填制该笔业务的记账凭证	
3. 模拟使用扫码支付该笔保养费用	

任务评价

在表2-7中填写任务的总体评价。

表2-7 任务评价

内容	自我评价(30%)	小组评价(30%)	教师评价(40%)	得分
1. 微信扫码消费基本流程(30分)				
2. 汽车促销业务涉及原始凭证的填制和审核(30分)				
3. 汽车促销业务涉及记账凭证的填制与审核(40分)				
合计				

三、汽车维修业务

任务描述

2021年8月12日,保险公司推送给华晟公司一辆奔驰事故车豫R25677。该车进店检查后,保险公司初步定损9 000元。车主要求所有配件均用原厂配件,配件成本高达7 000元。8月13日,店内事故经理与保险公司交涉后,最终定损金额为11 040元。8月14日晚,该车维修人员的加班餐费是60元。8月15日上午,车辆维修完毕,事故经理将开好的增值税专用发票11 040元交由保险公司。8月15日晚,车主检查后将维修好的车辆开走。8月16日上午,公司账户收到保险公司直赔款11 040元。8月16日下午,用现金支付保险公司业务费500元,支付员工加班餐费60元(增值税税率13%)。

任务目标

本项目的任务目标,如表2-8所示。

表 2-8 任务目标

出纳	支付业务费用、员工餐费
会计	开具增值税专用发票、记账凭证填制

任务图志

1. 连锁店根据客户要求指定维修 2 部郑楠进行维修，派工单如图 2-20 所示

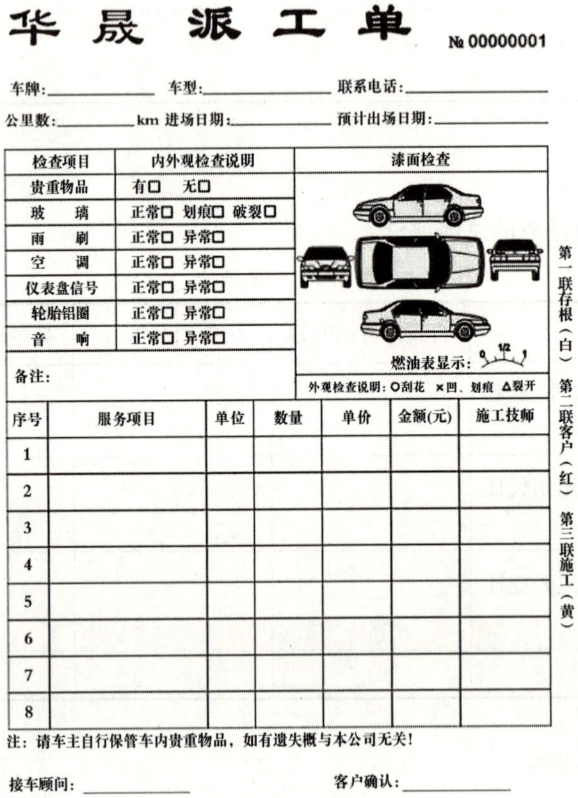

华晟派工单 №00000001

车牌:______ 车型:______ 联系电话:______

公里数:______km 进场日期:______ 预计出场日期:______

检查项目	内外观检查说明	漆面检查
贵重物品	有☐ 无☐	
玻　璃	正常☐ 划痕☐ 破裂☐	
雨　刷	正常☐ 异常☐	
空　调	正常☐ 异常☐	
仪表盘信号	正常☐ 异常☐	
轮胎铝圈	正常☐ 异常☐	
音　响	正常☐ 异常☐	燃油表显示: 0 1/2 1
备注:		外观检查说明: ○刮花 ×凹、划痕 △裂开

序号	服务项目	单位	数量	单价	金额(元)	施工技师
1						
2						
3						
4						
5						
6						
7						
8						

第一联存根（白） 第二联客户（红） 第三联施工（黄）

注：请车主自行保管车内贵重物品，如有遗失概与本公司无关！

接车顾问:______ 客户确认:______

图 2-20 华晟派工单

2. 开具维修费用增值税专用发票
3. 支付业务费、员工餐费

任务口诀

日期一定要写上，最后一定要签章。
双方单位要写清，金额完整莫要忘。

任务实践

将原始凭证传递给会计人员，进行记账凭证的填制。

1. 领用原材料进行维修（图 2-21 和图 2-22）

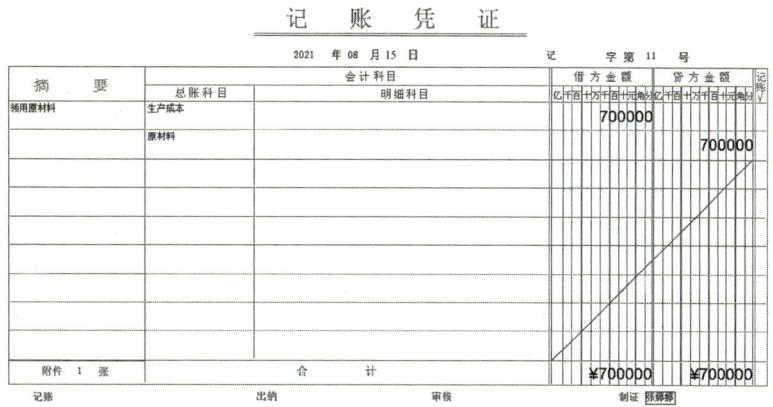

图 2-21　记账凭证（一）

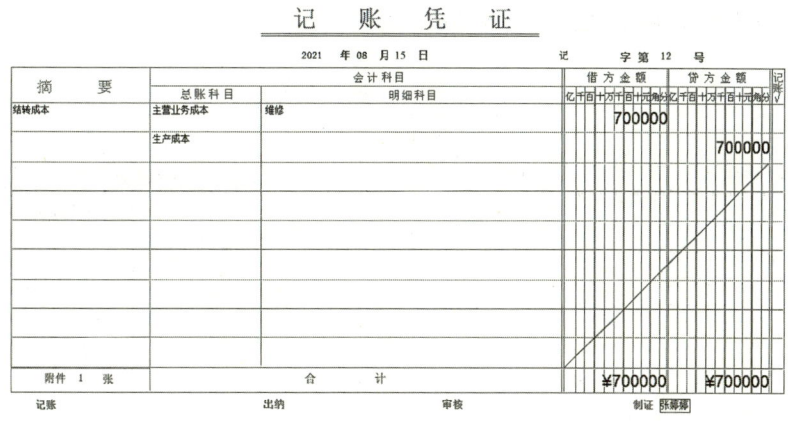

图 2-22　记账凭证（二）

2. 开出增值税专用发票（图 2-23 和图 2-24）

图 2-23　增值税专用发票

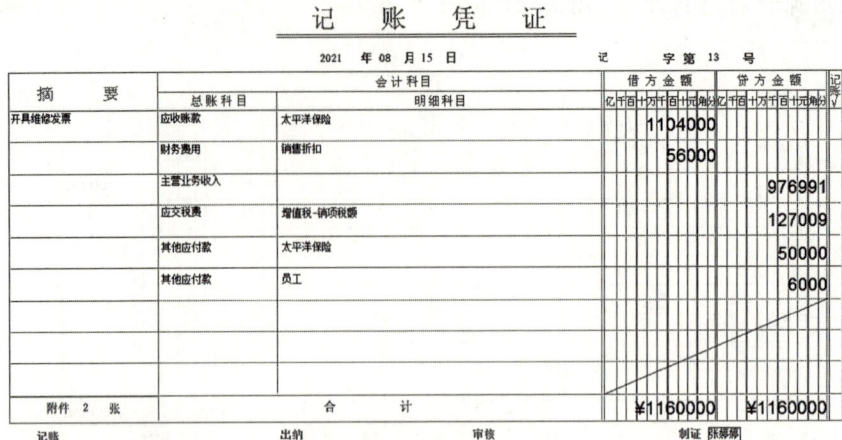

图 2-24　记账凭证(三)

3. 收到保险公司赔款(图 2-25 和图 2-26)

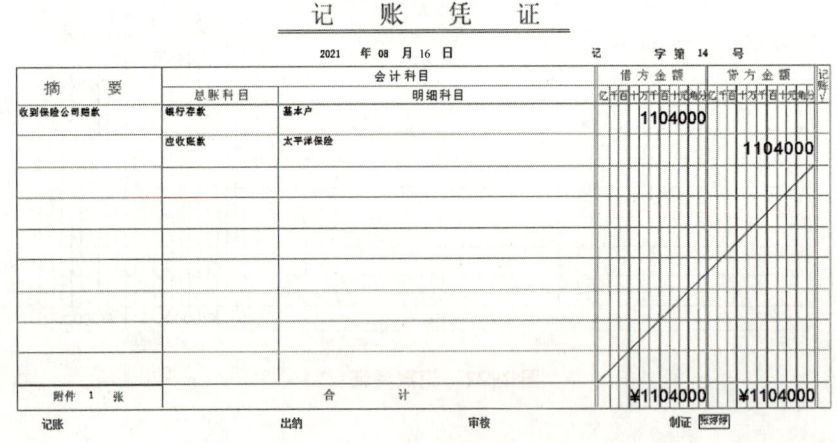

图 2-25　记账凭证(四)

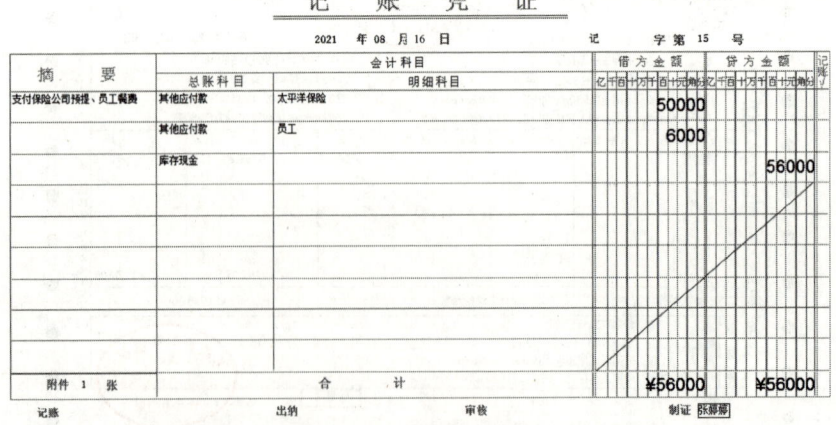

图 2-26　记账凭证(五)

任务提高

小知识——事故车定损流程

首先必须要做的是报警,因为保险公司的查勘人员需要从事故现场来判定事故责任归属。所以,在发生交通事故后,不仅不能离开事故现场,而且需要及时保护事故现场。

其次,当被保险人事故处理完毕后,10日内将索赔所需的资料交与保险公司。资料有交通事故责任认定书、调解书、判决书和修理发票、医疗费发票、病例、误工费证明、被保险人身份情况以及保单、身份证复印件、行驶证复印件、驾驶员驾照复印件等资料。这些资料提交给保险公司,由保险公司计算理赔。

再次,保险公司会通知车主领取保险赔款,领款人同样需要携带相关证件,包括保单正本、被保险人身份证或户口本原件。如需委托他人代领,代领人需要携带身份证以及被保险人出具的领取赔款授权书。赔款的最长有效期为事故报案当日起两年内。

最后,定损和维修是需要到同一个地方的。如果前期已经和查勘员确认,按照4S店的维修方式确定损失金额的,不能再到普通的修理厂进行维修。因为保险公司是按客户实际选择的修理厂标准重新确认损失金额,很可能产生不必要的支出负担。

任务测练

2021年8月20日,保险公司推送给华晟公司一辆宝马事故车。该车进店检查后,配件成本为3 000元。8月23日,店内事故经理与保险公司交涉后,最终确定定损金额为3 300元。8月25日上午,车辆维修完毕,事故经理将开好的增值税专用发票3 300元交由保险公司。8月25日晚,车主检查后将维修好的车辆开走。8月26日上午,公司账户收到保险公司直赔款3 300元。任务测练如表2-9所示。

表2-9 任务测练

问题	答案
1. 该业务涉及的原始凭证有哪些	
2. 填制该笔业务的记账凭证	
3. 模拟汽车维修定损流程	

任务评价

在表 2-10 中填写任务的总体评价。

表 2-10　任务评价

内容	自我评价(30%)	小组评价(30%)	教师评价(40%)	得分
1. 车辆事故定损基本流程(30分)				
2. 汽车定损业务涉及原始凭证的填制和审核(30分)				
3. 汽车定损业务涉及记账凭证的填制与审核(40分)				
合计				

四、汽车保险业务

任务描述

2021年8月16日,华晟公司发生一单保险业务。华晟公司的保险业务一直以来处于不挣钱也不亏钱的状态,目的是提升保费、获取事故车资源。该日,保险专员卖出一单车险,交强险665元,车船税300元,商业险2 263.29元。保险公司目前交强险返点4%,商业险返点20%,均是价税分离(手续费6%需要扣除)。交易当天,保险公司就将全部返点返至客户手中。8月17日,华晟公司收到保险公司佣金返点。8月18日,保险公司发放保险专员该单保险提成(按照保险净保额的1.5%提成)。

任务目标

本项目的目标如表 2-11 所示。

表 2-11　任务目标

会计	原始凭证整理和记账凭证填制

任务图志

1. 保险专员卖出车险

机动车商业保险保险单,如图 2-27 所示。

图 2-27 机动车商业保险保险单

2. 险种返点
3. 给保险专员发放业务提成

任务实践

将原始凭证传递给会计人员,进行记账凭证的填制(图 2-28 至图 2-31)。

1. 保险专员卖出车险

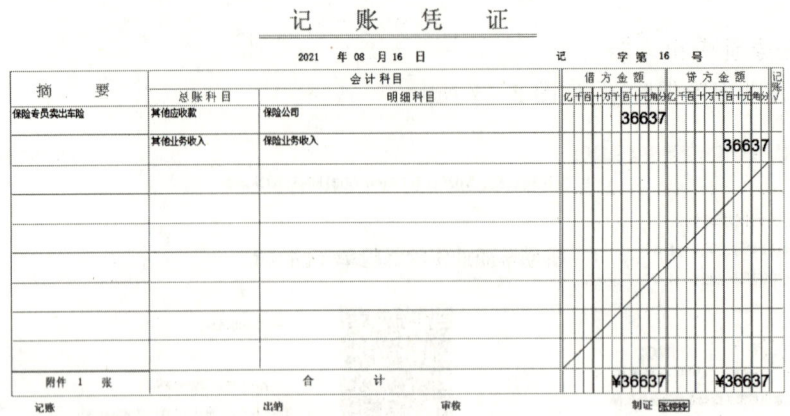

图 2-28　记账凭证(一)

2. 险种返点

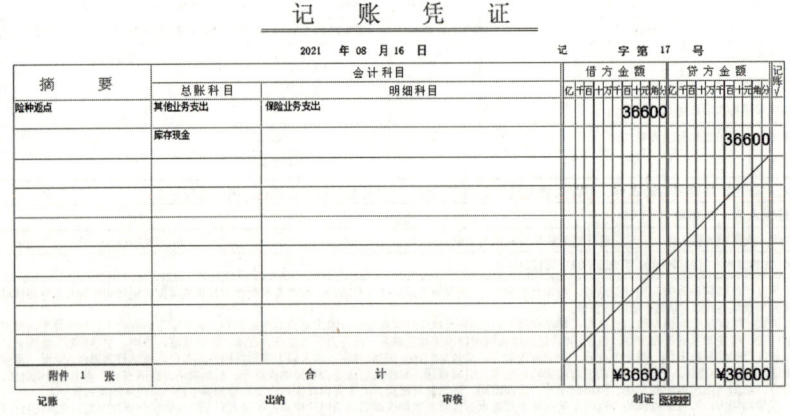

图 2-29　记账凭证(二)

3. 收到保险公司佣金返点

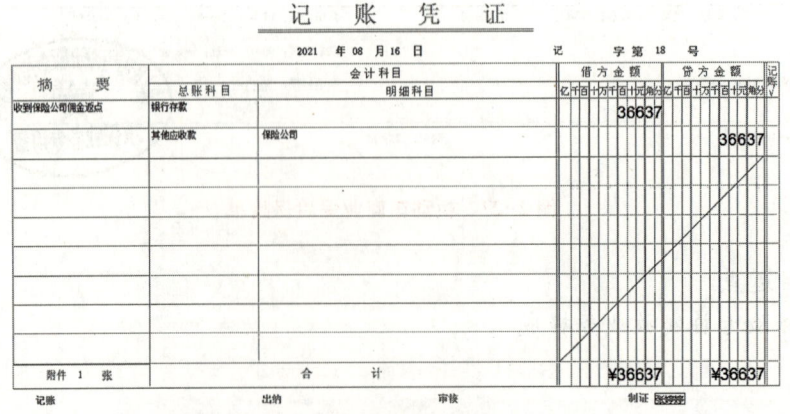

图 2-30　记账凭证(三)

4. 发放保险专员业务提成

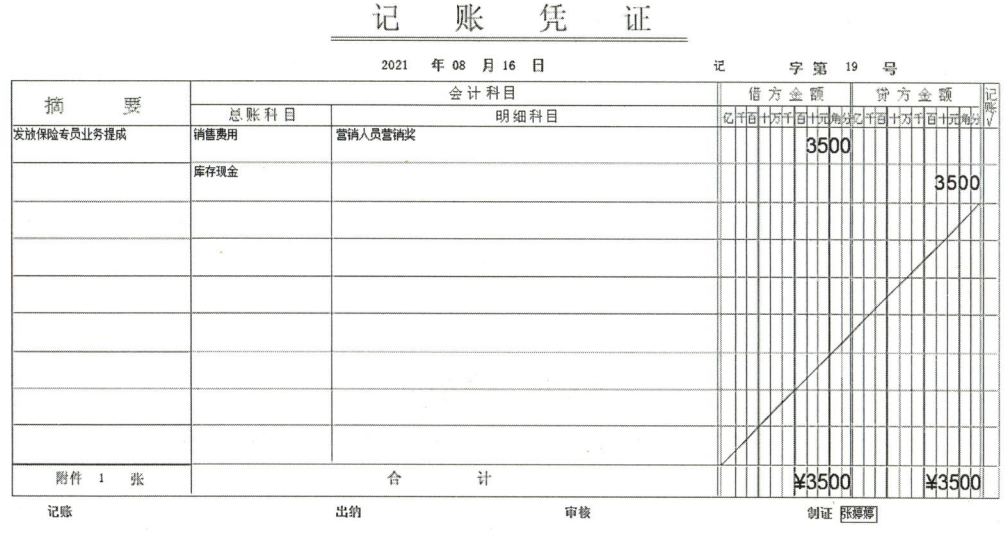

图 2-31　记账凭证(四)

任务提高

小知识——汽车保险

　　车辆保险,即机动车辆保险,简称车险。它是指对机动车辆由于自然灾害或意外事故所造成的人身伤亡或财产损失负赔偿责任的一种商业保险,是财产保险的一种。车辆保险具体可分商业险和交强险,商业险又包括车辆主险和附加险两个部分。基本险包括第三者责任险和车辆损失险(车损险),附加险包括全车盗抢险(盗抢险)、车上责任险、无过失责任险、车载货物掉落责任险、玻璃单独破碎险、车辆停驶损失险、自燃损失险、新增设备损失险和不计免赔特约险。交强险是强制性险种,机动车必须购买才能上路行驶、年检、上户,且在发生第三者损失需要理赔时,必须先赔付交强险,再赔付其他险种。

任务测练

　　2021 年 8 月 23 日,华晟公司发生一单保险业务。保险专员卖出一单车险,交强险 454 元,车船税 350 元,商业险 1 706.7。保险公司目前交强险返点 4%,商业险返点 20%,均是价税分离(手续费 6%需要扣除)。交易当天,就将全部返点,共计 289 元返至客户手中。8 月 24 日收到保险公司佣金返点 299.57 元。8 月 25 日,发放保险专员该单保险提成 31 元。任务测练如表 2-12 所示。

表 2-12　任务测练

问题	答案
1. 该业务涉及的原始凭证有哪些	

(续表)

问题	答案
2. 填制该笔业务的记账凭证	
3. 模拟汽车保险业务流程	

任务评价

在表 2-13 中填写任务的总体评价。

表 2-13　任务评价

内容	自我评价(30%)	小组评价(30%)	教师评价(40%)	得分
1. 汽车保险业务基础知识(30 分)				
2. 汽车保险业务涉及原始凭证的填制和审核(30 分)				
3. 汽车保险业务涉及记账凭证的填制与审核(40 分)				
合计				

五、汽车营销业务

任务描述

2021 年 8 月 20 日,华晟公司发放了车间和前台业务人员上半月的大数据营销奖金,车间发放 350 元,前台发放 300 元,共计 650 元使用现金发放。

任务目标

任务目标如表 2-14 所示。

表 2-14　任务目标

出纳	支付员工奖金
会计	原始凭证整理、记账凭证填制

任务图志

出纳根据图 2-32 中小程序统计数据发放员工奖金。

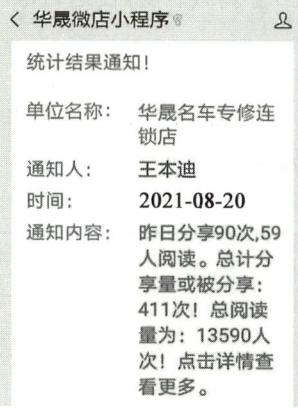

图 2-32　奖金核算数据

任务实践

将原始凭证传递给会计人员，进行记账凭证的填制（图 2-33）。

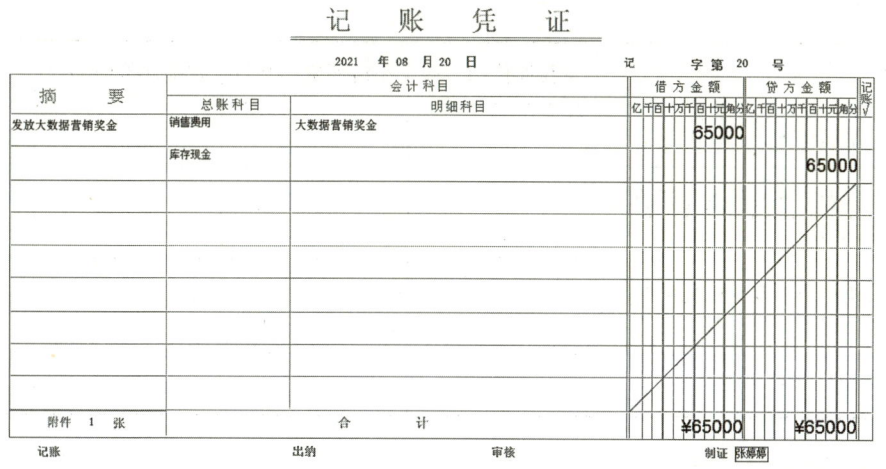

图 2-33　记账凭证

任务提高

小知识——数据营销

大数据营销是指基于多平台的大量数据，将大数据技术应用于互联网广告行业的营销方式。大数据营销衍生于互联网行业，又作用于互联网行业。多平台的大数据采集以及大数据技术的分析与预测能力，能够使广告更加精准有效，能给品牌企业带来更高的投资回报率。大数据营销的核心在于让网络广告在合适的时间，通过合适的载体，以合适的方式，投放给合适的人。其中，微信小程序现在作为新的、巨大的流量入口，已经被众多企业认同。常见的社交营销，最关键的就是裂变，而微信小程序既可以通过分享行为带来粉丝裂变，也可以基于公众号的内容激活公众号粉丝。一款小程序对企业来说，不仅仅是展示、引流，还可以通过合理的设置(包括结构、内容)等刺激裂变,使运营范围最大化且赢得客户口碑。

任务测练

2021年8月25日,华晟公司发放了前台业务人员上半月的大数据营销奖金,前台奖金560元,使用现金发放。任务测练如表2-15所示。

表2-15　任务测练

问题	答案
1. 该业务涉及的原始凭证有哪些	
2. 填制该笔业务的记账凭证	
3. 模拟奖金发放流程	

任务评价

在表2-16中填写任务的总体评价。

表2-16　任务评价

内容	自我评价(30%)	小组评价(30%)	教师评价(40%)	得分
1. 数据营销基础知识(30分)				
2. 数据营销业务涉及原始凭证的填制和审核(30分)				
3. 数据营销业务涉及记账凭证的填制与审核(40分)				
合计				

六、计提本月工资

任务描述

2021年8月23日,华晟公司计提本月员工工资。

任务目标

任务目标如表2-17所示。

表2-17　任务目标

会计	根据月末计算表格,计提员工工资

任务图志

根据表2-18的工资表,计算员工工资。

表 2-18 华晟公司 8 月工资表

应付职工薪酬科目明细表(2021.08)

编制部门:财务部

部门名称	部门人数	应付职工薪酬——工资					应付职工薪酬——五险一金			应付职工薪酬总额
		实发工资	社会保险费(个人)	住房公积金(个人)	代缴个人所得税	合计	社会保险费(企业)	住房公积金(企业)	合计	
行政部	2	19 283.36	1 485.00	1 740.00	891.64	23 400.00	4 756.00	1 740.00	6 496.00	29 896.00
财务部	2	14 492.05	1 077.00	1 260.00	70.95	16 900.00	3 444.00	1 260.00	4 704.00	21 604.00
计入管理费用的工资						40 300.00			11 200.00	51 500.00
市场部	2	16 204.61	1 077.00	1 260.00	108.39	18 650.00	3 444.00	1 260.00	4 704.00	23 354.00
营销部	3	27 819.64	1 233.00	1 940.00	907.36	31 900.00	3 936.00	1 940.00	5 876.00	37 776.00
计入销售费用的工资						50 550.00			10 580.00	61 130.00
维修部	3	9 082.00	552.00	638.00	0.00	10 272.00	1 743.00	638.00	2 381.00	12 653.00
计入主营业务成本的工资						10 272.00			2 381.00	12 653.00
总计	12	86 881.66	5 424.00	6 838.00	1 978.34	101 122.00	17 323.00	6 838.00	24 161.00	125 283.00

任务口诀

计算工资每月有,贷"应付职工薪酬"。
借方一定会区分,不是费用即成本。

任务实践

将原始凭证传递给会计人员进行记账凭证的填制(图 2-34 和图 2-35)。

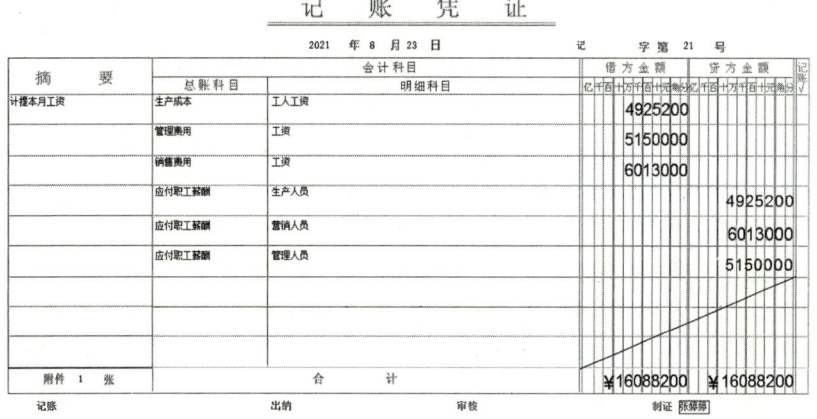

图 2-34 记账凭证(一)

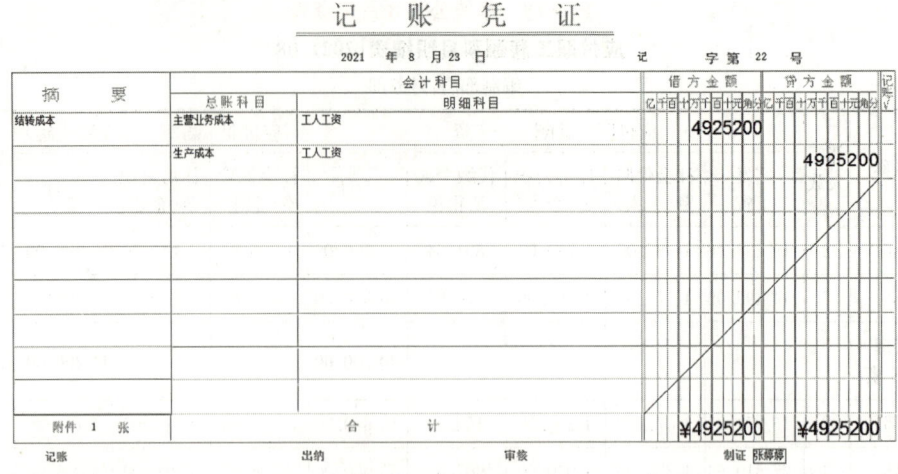

图 2-35 记账凭证(二)

任务提高

小知识——工资的构成

根据《关于工资总额组成的规定》,工资总额由六个部分组成:计时工资、计件工资、奖金、津贴和补贴、加班加点工资、特殊情况下支付的工资。

(1) 计时工资,是指按计时工资标准(包括地区生活费补贴)和工作时间支付给个人的劳动报酬,包括对已做工作按计时工资标准支付的工资,实行结构工资制的单位支付给职工的基础工资和职务(岗位)工资,新参加工作职工的见习工资(学徒的生活费),运动员体育津贴。

(2) 计件工资,是指对已做工作按计件单价支付的劳动报酬,包括实行超额累进计件、直接无限计件、限额计件、超定额计件等工资制,按劳动部门或主管部门批准的定额和计件单价支付给个人的工资,按工作任务支付给个人的工资,按营业额提成或利润提成办法支付给个人的工资。

(3) 奖金,是指支付给职工的超额劳动报酬和增收节支的劳动报酬,包括生产奖,节约奖,劳动竞赛奖,机关、事业单位的奖励工资,其他奖金。

(4) 津贴和补贴,是指为了补偿职工特殊或额外的劳动消耗或由于其他特殊原因支付给职工的津贴,以及为了保证职工工资水平不受物价影响而支付给职工的物价补贴。津贴包括补偿职工特殊或额外劳动消耗的津贴,保健性津贴,技术性津贴及其他津贴。物价补贴包括为保证职工工资水平不受物价上涨或变动影响,而支付的各种补贴。

(5) 加班加点工资,是指按规定支付的加班工资和加点工资。

(6) 特殊情况下支付的工资,根据国家法律、法规和政策规定,因病、工伤、产假、计划生育假、婚丧假、事假、探亲假、定期休假、停工学习、执行国家或社会义务等原因,按计时工资标准或计时工资标准的一定比例支付的工资、附加工资、保留工资。

任务测练

8月30日,华晟公司计提本月员工工资(表2-19)。请据此写出相关分录。

表 2-19　华晟公司 8 月工资表

应付职工薪酬科目明细表

编制部门：财务部

部门名称	部门人数	应付职工薪酬——工资					应付职工薪酬——五险一金			应付职工薪酬总额
		实发工资	社会保险费（个人）	住房公积金（个人）	代缴个人所得税	合计	社会保险费（企业）	住房公积金（企业）	合计	
行政部	1	14 492.05	1 077.00	1 730.00	70.95	17 370.00	3 444.00	1 730.00	5 174.00	22 544.00
财务部	4	32 966.29	2 463.00	2 880.00	190.71	38 500.00	7 872.00	2 880.00	10 752.00	49 252.00
计入管理费用的工资						55 870.00			15 926.00	71 796.00
市场部	2	16 204.61	1 077.00	1 260.00	108.39	18 650.00	3 444.00	1 260.00	4 704.00	23 354.00
营销部	2	21 822.55	1 522.00	1 400.00	907.36	25 691.91	4 436.00	1 440.00	5 876.00	31 567.91
计入销售费用的工资						44 341.91			10 580.00	54 921.91
维修部	5	32 878.76	1 596.00	1 760.00	58.54	36 293.30	4 724.00	1 760.00	6 484.00	42 777.30
计入主营业务成本的工资						36 293.30			6 484.00	42 777.30
总计	14	118 364.26	7 735.00	9 070.00	1 335.95	136 505.21	23 920.00	9 070.00	32 990.00	169 495.21

任务测练如表 2-20 所示。

表 2-20　任务测练

问题	答案
1. 该业务涉及的原始凭证有哪些	
2. 填制该笔业务的记账凭证	
3. 模拟工资发放流程	

任务评价

在表 2-21 中填写任务的总体评价。

表 2-21　任务评价

内容	自我评价(30%)	小组评价(30%)	教师评价(40%)	得分
1. 应付职工薪酬基础知识(30 分)				

（续表）

内容	自我评价(30%)	小组评价(30%)	教师评价(40%)	得分
2. 工资业务涉及原始凭证的填制和审核(30分)				
3. 业务涉及记账凭证的填制与审核(40分)				
合计				

七、月末损益结转

任务描述

2021年8月31日，华晟公司进行本月损益结转。

任务目标

任务目标如表2-22所示。

表2-22　任务目标

会计	进行月末损益结转

任务图志

会计根据表2-23进行月末损益结转。

表2-23　华晟公司8月损益类科目发生额合计表

主营业务收入				644 516.60
	合计		0.00	644 516.60
其他业务收入	保险公司			366.37
	合计		0.00	366.37
主营业务成本	保养		52 320.22	
	维修		74 502.30	
	工人工资		49 252.00	
	车间辅料		16 393.74	

(续表)

	车间物流费	4 942.00	
	合计	197 410.26	0.00
其他业务支出	保险业务支出	366.00	
	合计	366.00	0.00
税金及附加	上交税款（含所得税费用）	20 640.00	
	合计	20 640.00	0.00
销售费用	大数据营销奖金	650.00	
	工资	60 130.00	
	招待费	6 982.21	
	合计	67 762.21	0.00
管理费用	工资	51 500.00	
	房租	12 270.27	
	厂房维护费	1 324.00	
	办公费	3 257.28	
	福利费	1 940.00	
	水电费	2 985.00	
	培训费	3 756.44	
	交通费	4 500.00	
	折旧	4 527.45	
	费用摊销	14 513.98	
	伙食费	9 075.45	
	合计	109 694.87	0.00
财务费用	金融机构手续费	2 247.76	
	销售折扣	560.00	
	合计	2 807.76	0.00

任务口诀

每期最后的一天，收入费用要结转。
都要转“本年利润”，期末结转做圆满。

任务实践

将原始凭证传递给会计人员进行记账凭证的填制(图 2-36 至图 2-38)。

记　账　凭　证

2021 年 08 月 31 日　　　　记　字第 23 号

摘要	会计科目		借方金额	贷方金额	记账√
	总账科目	明细科目	亿千百十万千百十元角分	亿千百十万千百十元角分	
结转损益	主营业务收入		64451660		
	其他业务收入		36637		
	主营业务成本	保养		5232022	
		维修		7450230	
		工人工资		4925200	
		车间辅料		1639374	
		车间物流费		494200	
	其他业务支出	保险业务支出		36600	
	税金及附加	上交税款		2064000	
附件　张	合　计				

记账　　出纳　　审核　　制证 张婷婷

图 2-36　记账凭证(一)

记　账　凭　证

2021 年 08 月 31 日　　　　记　字第 23 号

摘要	会计科目		借方金额	贷方金额	记账√
	总账科目	明细科目	亿千百十万千百十元角分	亿千百十万千百十元角分	
结转损益	销售费用	小数据提成		65000	
		工资		6013000	
		招待费		698221	
	管理费用	工资		5150000	
		房租		1227027	
		厂房维护费		132400	
		办公费		325728	
		福利费		194000	
		水电费		298500	
附件　张	合　计				

记账　　出纳　　审核　　制证 张婷婷

图 2-37　记账凭证(二)

记账凭证

2021 年 08 月 31 日　　　　记　字第 23 号

摘要	会计科目		借方金额	贷方金额
	总账科目	明细科目		
结转损益		培训费		3 756 44
		交通费		4 500 00
		折旧		4 527 45
		费用摊销		14 513 98
		伙食费		9 075 45
	财务费用	金融机构手续费		2 247 76
		销售折扣		560 00
	本年利润		24 624 6 87	
附件　　张	合　　计		¥644 488 2 97	¥644 488 2 97

记账　　　出纳　　　审核　　　制证 张尊尊

图 2-38　记账凭证（三）

任务提高

小知识——期末损益结转

期末损益结转是指期末将损益类科目余额转至"本年利润"科目。这一处理过程应考虑结转时间问题。损益结转可以在月末、季末、年末进行，有的企业可能不定期结转，而损益表的编制是建立在特定的会计期间基础上的。如果使用结转额计算损益项目，则只有采用每月末结转的方法，才能正确提取本月损益结转额。采用表结账不结，即在年末将损益类账户余额结转于"本年利润"的方法的用户，就会产生数据错误。

任务测练

任务的结果性测试，根据表 2-1 至表 2-6 任务测试结果，完成月末损益结转。（或简单小结）。任务测练内容，如表 2-24 所示。

表 2-24　任务测练

问题	答案
1. 该业务涉及的原始凭证有哪些	
2. 填制该笔业务的记账凭证	
3. 模拟月末损益结转流程	

任务评价

在表 2-25 中填写任务的总体评价。

表 2-25　任务评价

内容	自我评价(30%)	小组评价(30%)	教师评价(40%)	得分
1. 月末结转损益基础知识(50分)				
2. 结转业务记账凭证的填制和审核(50分)				
合计				

案例三

华祥汽车 4S 店

案例目录

任务一　企业概况 ·· 073
　一、背景资料 ··· 073
　二、公司各部门职能设置及其主要工作流程 ······································· 074
　　（一）销售流程 ·· 074
　　（二）汽车4S店的组织构架、岗位及职责 ······································· 074
　　（三）会计科目设置 ·· 075

任务二　华祥汽车4S店业务核算 ··· 075
　一、整车采购业务 ··· 075
　二、销售汽车（客户全款购车） ··· 080
　三、销售汽车（客户分期付款购车） ··· 084
　四、汽车装饰销售及赠送 ·· 088
　五、配件购进与销售 ·· 091
　六、保险理赔 ··· 095
　七、售后维修 ··· 099

任务三　能力提高：增值税发票开具 ··· 102
　一、发票登记管理 ··· 102
　二、增值税发票的保管 ··· 103
　三、增值税专用发票开具基本规定 ·· 104
　四、增值税发票开具要点 ·· 104
　五、增值税发票税控开票软件（金税盘版）操作 ································ 108

任务一 企业概况

一、背景资料

华祥汽车销售服务有限公司(以下简称华祥汽车 4S 店),注册资本为 500 万元人民币,企业性质为有限责任公司,代理品牌为一汽大众。华祥汽车 4S 店现有业务主要为汽车销售、维修、保险代理及分期贷款业务。华祥汽车 4S 店是增值税一般纳税人,适用增值税税率为 13%。该公司的营业执照如图 3-1 所示。

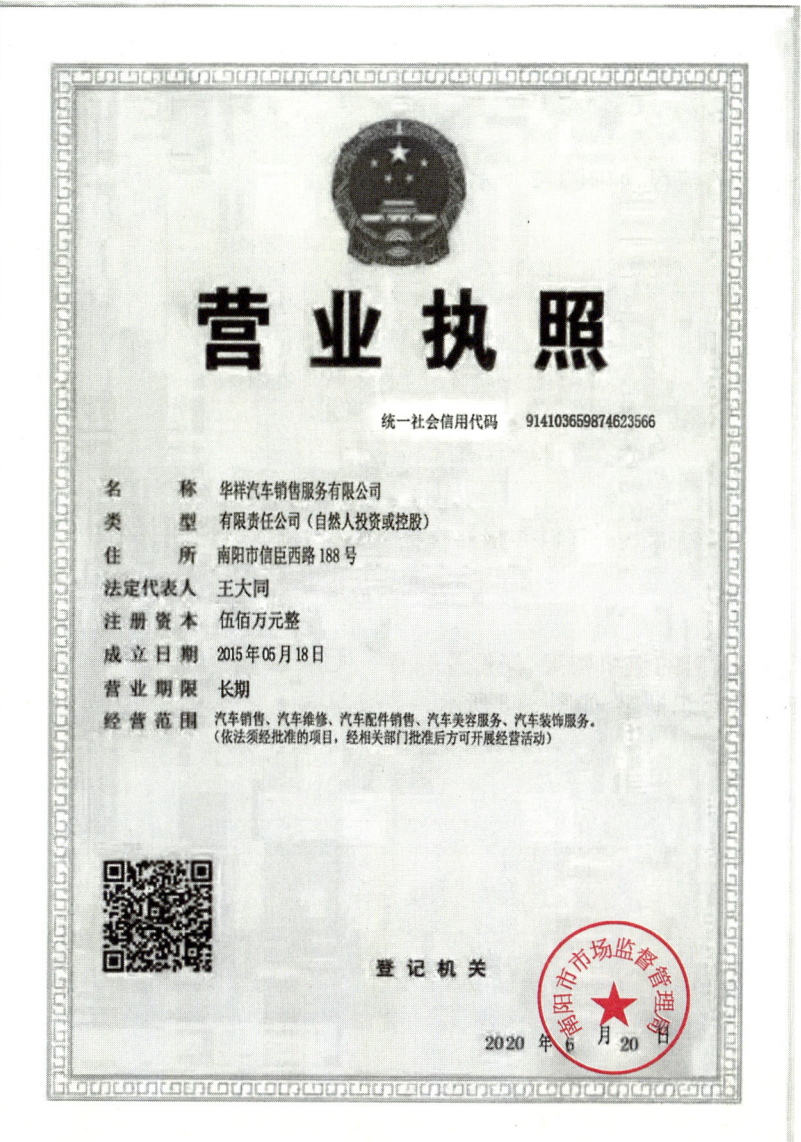

图 3-1 华祥汽车销售服务有限公司营业执照

【知识链接 1】 汽车 4S 店

　　汽车 4S 专卖店是由经销商投资建设，按照汽车生产厂家规定的标准建造。店内外设计统一、投资巨大，只销售由生产厂家特别授权的单一品牌汽车。该店能够为顾客提供更低廉的价格、更专业的技术支持和更深入的售后服务。

　　4S 店全称为 Automobile Sales Servicshop 4S，其中 4S 分别代表

Sale，整车销售；

Sparepart，零配件；

Service，售后服务；

Survey，信息反馈。

二、公司各部门职能设置及其主要工作流程

　　华祥汽车 4S 店实行总经理负责制，下设财务部、销售部、市场部等部门，以汽车销售、维修等业务为主。

（一）销售流程

　　汽车 4S 店销售流程，如图 3-2 所示。

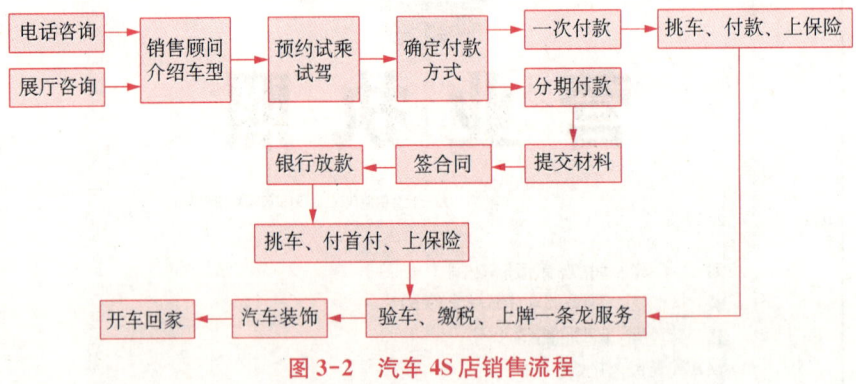

图 3-2　汽车 4S 店销售流程

（二）汽车 4S 店的组织构架、岗位及职责

　　汽车 4S 店的组织框架，如图 3-3 所示。

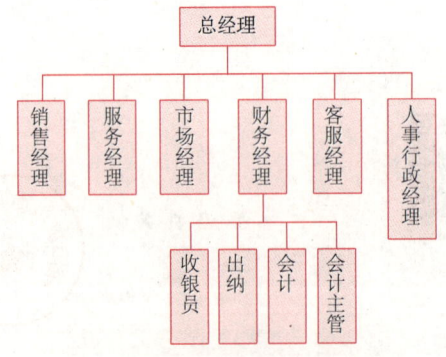

图 3-3　汽车 4S 店的组织构架图

4S店的财务人员岗位及职责如下。

财务经理：进行财务部日常管理、款项审批、税务筹划、报表编制及财务部整体工作。

会计主管：进行财务部日常业务监督、凭证的审核、账册的核对及申报纳税等。

会计：凭证的填制、记账，往来的核对。

出纳：每日下班前，与收银员核对当日营业款，并进行单据交接，月末与银行进行核对。

收银员：4S店日常收款业务、开具发票、发送日报表。

(三) 会计科目设置

会计科目主要有以下几种。

"**资产类**"会计科目主要包括库存现金、银行存款、其他货币资金、应收账款（新车销售、分期付款、售后维修、配件销售等）、库存商品（新车、汽车配件、精品用品）、发出商品和周转材料等其他内容。

"**负债类**"会计科目主要包括短期借款、应付账款、应付职工薪酬、应交税费等内容。

"**损益类**"会计科目主要包括主营业务收入（新车销售收入、售后维修收入、配件外销收入、精品装饰收入等）、主营业务成本、税金及附加、销售费用（汽车试用费、试驾车的保险费、验车费、维修费用、展厅活动、车展活动等产生的费用）、管理费用、财务费用（承兑贴息、银行借款利息、其他金融机构利息、POS手续费）等内容。

"**所有者权益类**"会计科目主要包括实收资本、本年利润和盈余公积等。

任务二　华祥汽车4S店业务核算

一、整车采购业务

任务描述

2021年8月1日，华祥汽车4S店从厂家购进汽车10辆，价税合计为960 000元，增值税税额为110 442.48元。预付50 000元，款项用网银支付。

【知识链接2】　网上银行

网上银行又称网络银行、在线银行，简称为网银，是指银行利用互联网技术，通过互联网向客户提供开户、查询、对账、行内转账、跨行转账、信贷、网上证券、投资理财等传统服务项目，使客户足不出户就可以安全便捷地管理活期和定期存款、支票、信用卡及个人投资等。可以说，网上银行是在互联网上的虚拟银行柜台。网上银行的用户只要有一台可以上网的电脑，就可以使用浏览器或专有客户端软件来使用银行提供的各种金融服务，如账户查询、转账、网上支付等。与传统渠道（如柜台）相比，网上银行最大的特点是方便快捷、不必排队。账户数据查询可以通过一些软件导入来实现，如Quicken或Microsoft Money，网上银行还有为电子账单付费、转账、股票买卖、贷款申请、账户集成的功能。

任务目标

任务目标如表3-1所示。

表 3-1　任务目标

出纳	网银转账
会计	原始凭证整理、记账凭证填制

任务图志

1. 使用网银支付定金，付款申请单和电子银行回单如图 3-4、图 3-5 所示。

付款申请单

申请部门	办公室	申请时间	2021.8.1
收款单位	一汽大众汽车有限公司		
收款银行账号	579634072169	开户银行	中国农业银行佛山支行
事由	购车定金		
金额（大写）伍万元整		¥: 50000.00	
申请人：李明　部门负责人：王涛　审核：李林　负责人：赵亮			

图 3-4　付款申请单

中国建设银行　电子银行回单

电子回单号码：0013-1234-6789-0195

回单类型	跨行快汇		指令序号	HLP00000000000030000825	
付款人	户　名	华祥汽车销售服务有限公司	收款人	户　名	一汽大众汽车有限公司
	卡(账)号	1704026856026856		卡(账)号	5796340721692169
	付款银行	中国建设银行		收款银行	中国农业银行
币种	人民币		钞汇标志	钞	
金额	50000.00元		手续费	0.00元	
合计	人民币(大写)：伍万元整 ¥50,000.00				
交易流水号	90202557		时间戳	2021-08-01-15.151501230123	
用途	购车定金				
附言：					
验证码：a94pu453211234567iWYHeO6793=					

（中国建设银行 电子回单专用章）

图 3-5　电子银行回单

2. 8月5日收到采购发票，支付余款。该批采购车辆尚未入库，增值税专用发票和电子银行回单如图3-6、图3-7所示。

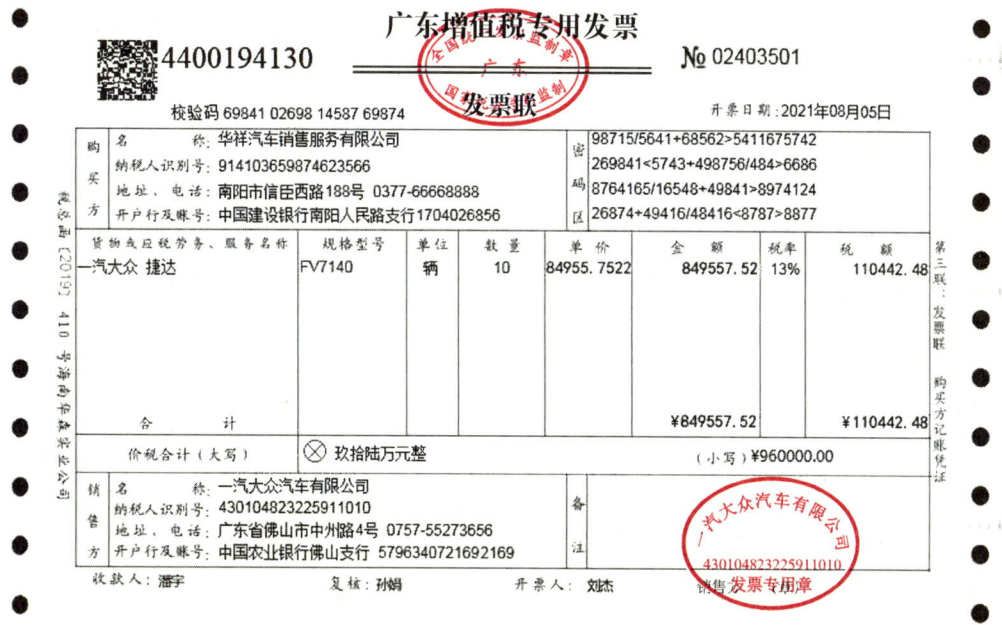

图 3-6 增值税专用发票

中国建设银行　电子银行回单

电子回单号码：0013-1237-9352-6789

回单类型	跨行快汇		指令序号	HLP00000000000030000930
付款人	户　名	华祥汽车销售服务有限公司	收款人	户　名	一汽大众汽车有限公司
	卡(账)号	1704026856026856		卡(账)号	5796340721692169
	付款银行	中国建设银行		收款银行	中国农业银行
币种	人民币		钞汇标志	钞
金额	960000.00元		手续费	0.00元
合计	人民币(大写)：玖拾陆万元整　¥960,000.00			
交易流水号	90202557		时间戳	2021-08-05-10.151601236789
用途	购车款			
附言：				
验证码： a94pu453211234567wYHe011234				

图 3-7 电子银行回单

3. 8月8日车辆到店,办理入库,车辆入库单如表3-2所示。

表3-2 车辆入库单

供货单位:一汽大众　　　　　入库类型:新车　　　　　入库时间:2021.8.8

车辆	型号	颜色	车架号	数量	里程数	车辆情况	备注
捷达	FV7140	白	LFV2A1BS8C4000112	1	2	正常	
捷达	FV7140	白	LFV2A1BS8C4000113	1	2	正常	
捷达	FV7140	白	LFV2A1BS8C4000114	1	1	正常	
捷达	FV7140	白	LFV2A1BS8C4000117	1	2	正常	
捷达	FV7140	白	LFV2A1BS8C4000120	1	3	正常	
捷达	FV7140	黑	LFV2A1BS8C4000122	1	2	正常	
捷达	FV7140	黑	LFV2A1BS8C4000123	1	2	正常	
捷达	FV7140	黑	LFV2A1BS8C4000124	1	2	正常	
捷达	FV7140	黑	LFV2A1BS8C4000125	1	2	正常	
捷达	FV7140	黑	LFV2A1BS8C4000128	1	2	正常	

交货人:徐征　　　　　　　　　　　　　　　　　　　　签收人:王宁

任务实践

填制相关凭证(图3-8至图3-10)。

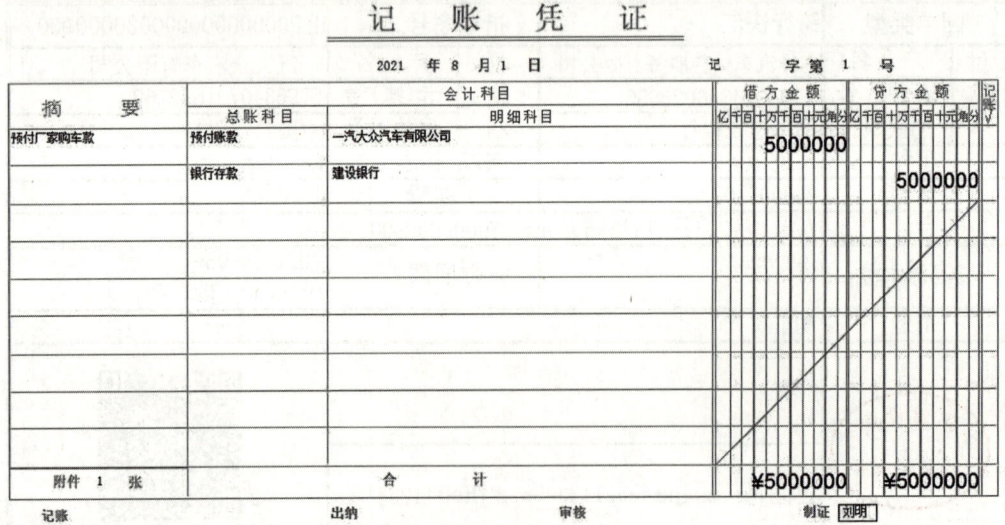

图3-8 记账凭证(一)

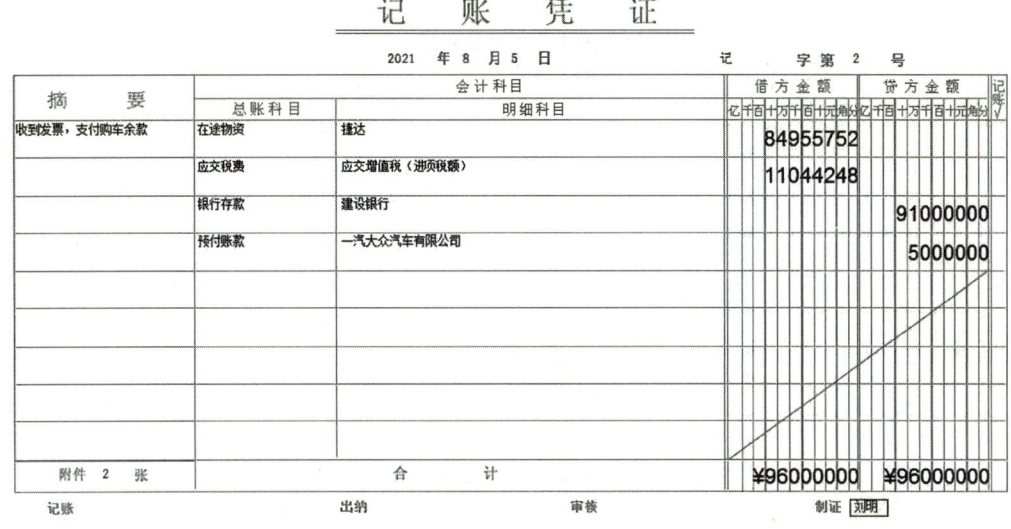

图 3-9 记账凭证(二)

图 3-10 记账凭证(三)

任务口诀

采购提前支付钱,借方记"预付账款"。
"应付账款"是负债,"预付账款"是资产。

任务测练

郑州亿顺汽车销售服务有限公司是增值税一般纳税人企业,适用的增值税税率为13%。

(1) 2021年9月1日,郑州亿顺汽车销售服务有限公司从A厂家购进一批汽车,预付车款500 000元,用网银支付。

(2) 2021年9月5日,收到整车及发票,价税合计1 130 000元,余款用银行存款支付。

任务测练内容,如表 3-3 所示。

表 3-3 任务测练

问题	答案
1. 该业务涉及的原始凭证有哪些	
2. 填制该笔业务的记账凭证	
3. 模拟使用网上银行业务,支付该笔采购款	

任务评价

在表 3-4 中填写任务的总体评价。

表 3-4 任务评价

内容	自我评价(30%)	小组评价(30%)	教师评价(40%)	得分
1. 整车采购的基础知识(20 分)				
2. 整车采购业务增值税的处理(20 分)				
3. 业务涉及入库单的填制与审核(30 分)				
4. 业务涉及记账凭证的填制与审核(30 分)				
合计				

二、销售汽车(客户全款购车)

任务描述

2021 年 8 月 15 日,华祥汽车 4S 店销售给客户张华 1 辆汽车,合同含税价款 113 000 元,增值税税率为 13%。华祥汽车 4S 店收到张华以刷卡方式支付的购车定金 3 000 元,POS 机刷卡产生手续费用 10 元。该车辆成本为 90 000 元。

任务目标

任务目标如表 3-5 所示。

表 3-5 任务目标

出纳	使用 POS 机收款,开具收据
会计	原始凭证整理、记账凭证填制

任务图志

1. 收到客户购车定金

POS机刷卡（信用卡、借记卡等）收定金/部分车款，定车协议和收据如图3-11、图3-12所示。

定 车 协 议

甲方：华祥汽车销售服务有限公司

乙方：<u>张华</u>　身份证号：<u>413031977 0315 0011</u>

今甲、乙双方就乙方向甲方定购汽车事宜，经过友好协商，达成如下协议：

一、乙方向甲方定购雪佛兰<u>捷越</u>车型<u>壹</u>台，<u>白</u>色，配置<u>1.5L舒适版</u>
   车辆总价<u>113000</u>元（大写：<u>壹拾壹万叁仟元整</u>）。

二、乙方向甲方交付车辆定金<u>3000</u>元（大写：<u>叁仟元整</u>）。

三、甲方自协议签定之日起<u>5</u>个工作日内，向乙方交车。如遇不可抗拒之因素，日期顺延，但不得无故延迟交车。

四、若甲方所交付商品车辆的规格、配置不符合乙方定车要求，乙方有权拒绝收车，且甲方应全额退还乙方车辆定金。

五、乙方订购车辆到库后，甲方需及时通知乙方提车。乙方接到通知后应将车款的全部余款<u>110000</u>元（大写：<u>壹拾壹万元整</u>）一次性付给甲方，甲方及时完善相关手续后，将车辆交付乙方。

六、随车配备装饰：1.<u>挡泥板</u> 2.<u>发动机下护板</u> 3.<u>太阳膜</u> 4.____
   5.____ 6.____ 7.____ 8.____ 9.____

七、乙方若无正当理由拒绝提车，拒付货款，乙方应向甲方赔偿总车款5%作为违约金，乙方车辆定金甲方将不予退还。　<u>全款购车</u>

八、甲方应严格按照国家标准执行售后服务。

九、协议未尽事宜，双方另行协商。双方在执行协议中发生争执，应通过协商解决。如协商不成，可申请仲裁，也可向当地人民法院起诉。

十、此协议一式两份，内容前后对照，涂改无效。甲乙双方各执一份，经双方签字并加盖公章后生效。

甲方：华祥汽车销售服务有限公司　　　　乙方：

销售顾问签字：<u>张富阁</u>　　　　　　代表人签字：<u>张华</u>

联系电话：<u>13838710716</u>　　　　　　联系电话：<u>18703770103</u>

2021年 8月 15日　　　　　　　　　　2021年 8月 15日

（华祥汽车销售服务有限公司 合同专用章）

① 客户留存联

图3-11　定车协议

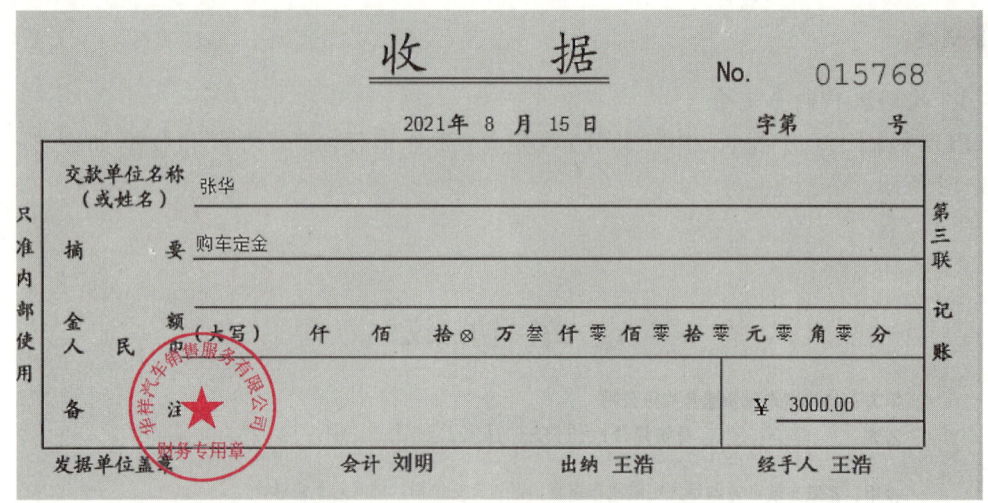

图 3-12 收据

2. 收到车款余款，开具发票

2021 年 8 月 16 日，张华到店提车并交购车余款 110 000 元，以手机银行转账支付，机动车销售统一发票如图 3-13 所示。

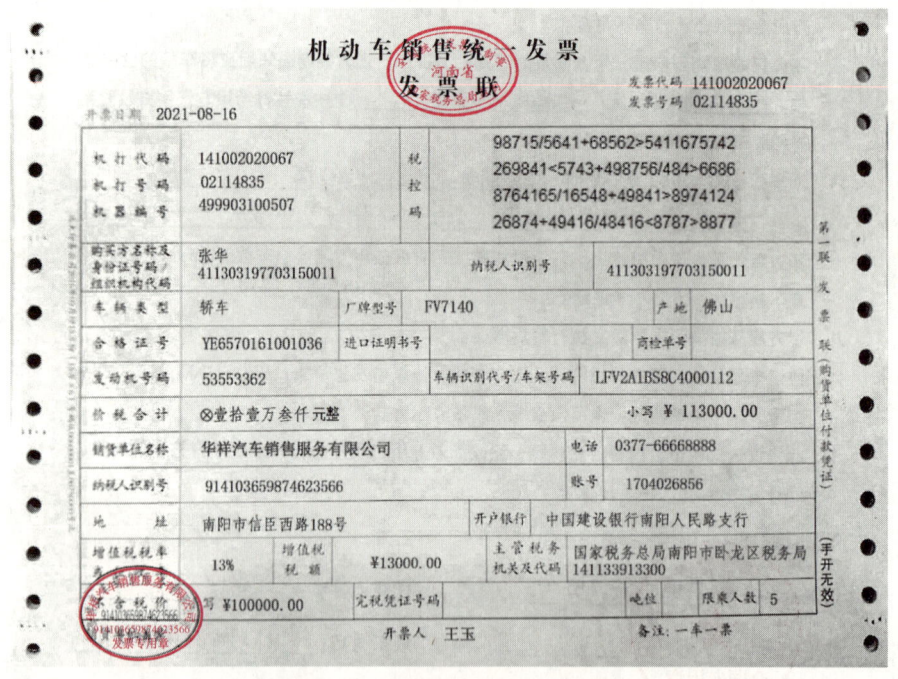

图 3-13 机动车销售统一发票

任务实践

填制相关凭证（图 3-14 和图 3-15）。

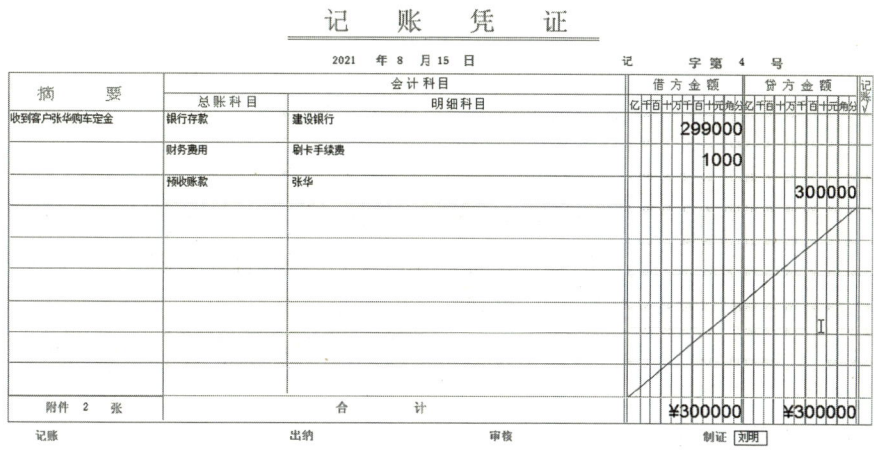

图 3-14 记账凭证(一)

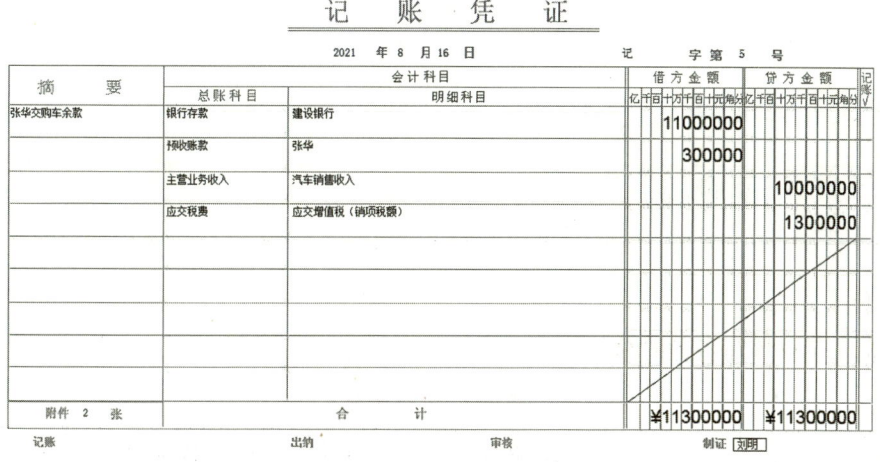

图 3-15 记账凭证(二)

3. 结转销售成本(图 3-16)

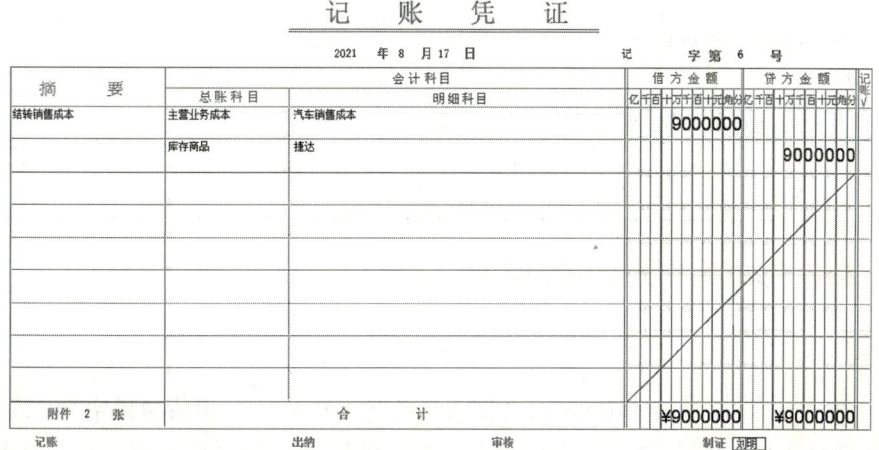

图 3-16 记账凭证

任务口诀

支付刷卡手续费,"财务费用"要会背。
期末结转无余额,账户属于费用类。

任务测练

郑州亿顺汽车销售服务有限公司是增值税一般纳税人企业,适用的增值税税率为13%。

(1) 2021年9月6日,销售给客户李林1辆汽车,价税合计124 300元。收到李林预付的车款20 000元,客户刷卡支付,POS机刷卡产生手续费用10元。

(2) 2021年9月10日,收到客户李林用手机银行支付的余款104 300元,向李林开具机动车销售发票并交付整车。

任务测练如表3-6所示。

表3-6 任务测练

问题	答案
1. 该业务涉及的原始凭证有哪些	
2. 填制该笔业务的记账凭证	
3. 模拟使用POS机刷卡,收取该笔款项	

任务评价

在表3-7中填写任务的总体评价。

表3-7 任务评价

内容	自我评价(30%)	小组评价(30%)	教师评价(40%)	得分
1. 对于客户全款购车业务的基础知识(20分)				
2. 汽车销售增值税的处理(20分)				
3. 业务涉及原始凭证的填制与审核(30分)				
4. 业务涉及记账凭证的填制与审核(30分)				
合计				

三、销售汽车(客户分期付款购车)

任务描述

2021年8月28日,王明到店购车,合同含税价为120 000元,增值税税率为13%,因资金紧张需办理分期购车,以首付30%办理分期。王明刷卡支付首付款36 000元,POS机刷卡产生手续费用 25 元。8 月 29 日,收到银行转来的分期款 84 000 元,该车辆成本为 90 000 元。

任务目标

任务目标如表 3-8 所示。

表 3-8 任务目标

出纳	使用 POS 机收款,开具收据
会计	原始凭证整理、记账凭证填制

任务图志

1. 以 POS 机刷卡(信用卡、借记卡等)方式收取首付款

收据如图 3-17 所示。

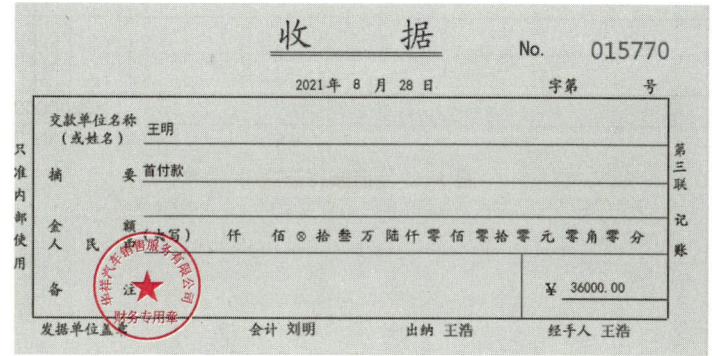

图 3-17 收据

2. 开具机动车发票并办理分期手续,8 月 29 日,收到王明分期款项 84 000 元

机动车销售统一发票如图 3-18 所示。

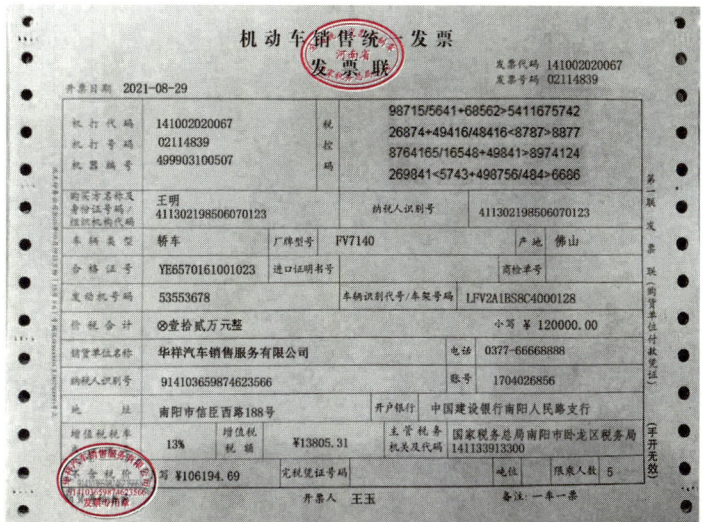

图 3-18 机动车销售统一发票

任务实践

填制相关凭证(图 3-19 和图 3-20)。

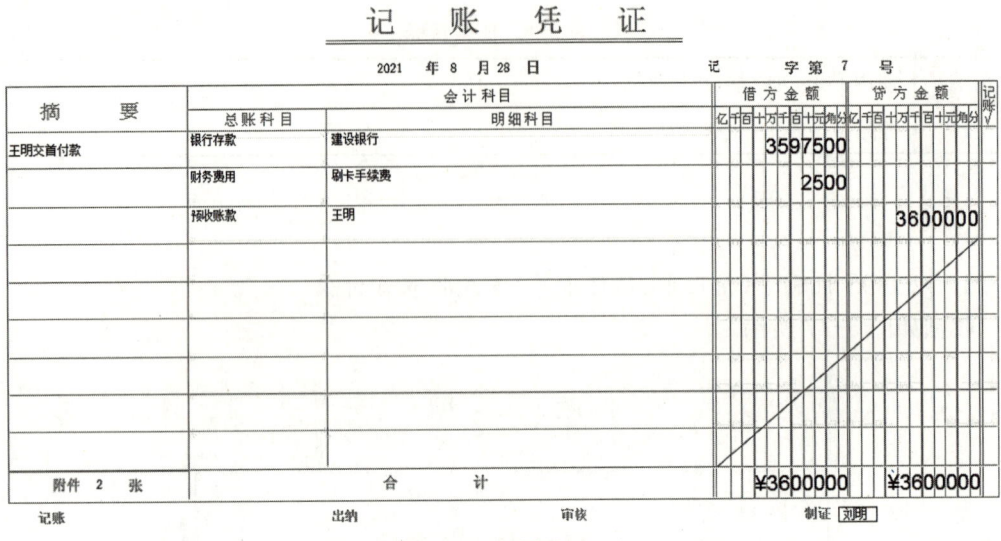

图 3-19　记账凭证(一)

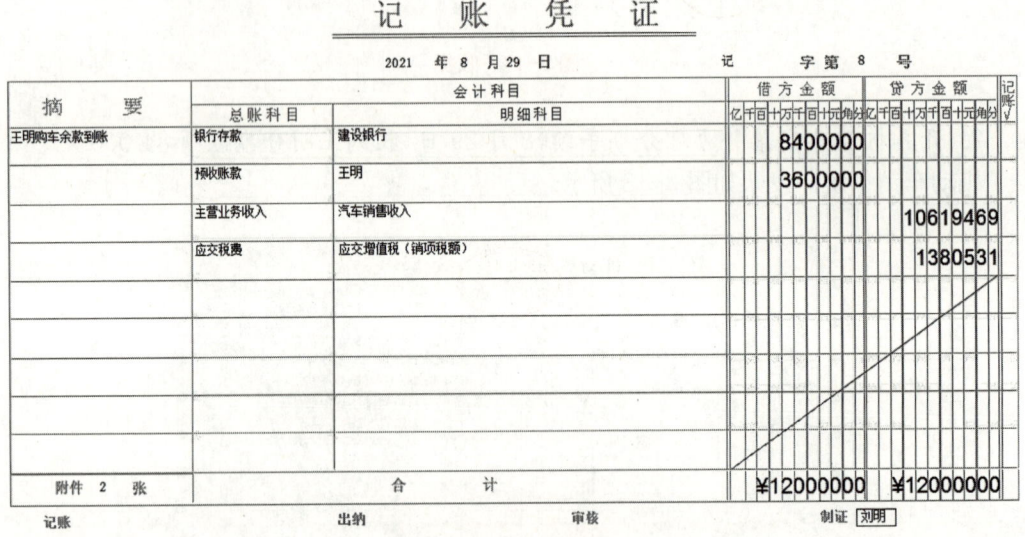

图 3-20　记账凭证(二)

3. 结转汽车销售成本的记账凭证(图 3-21)

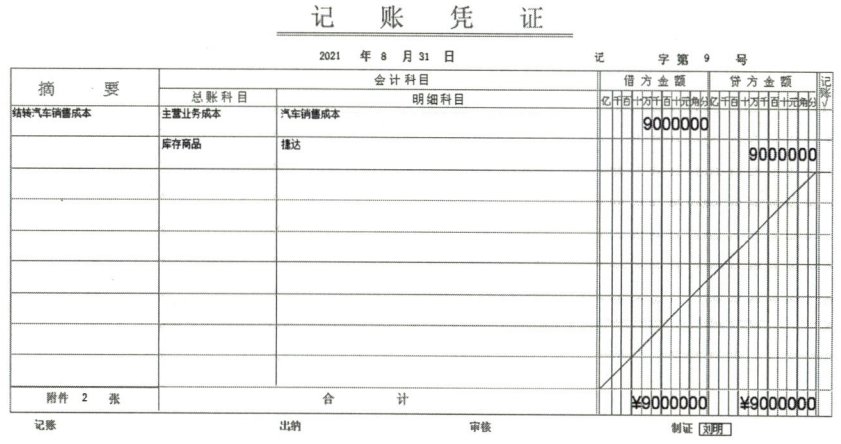

图 3-21 记账凭证(三)

学习提示

在汽车销售业务的账务处理中,客户全款购车或分期付款购车的账务处理基本相同。区别在于客户全款购车时,收取的是客户直接支付的汽车余款;客户分期付款购车时,需要先办理银行分期手续,收取的是银行代客户支付的汽车余款。

任务口诀

采购商品已入库,"库存商品"要记熟。
借方加呀贷方减,属于资产类账户。

任务测练

郑州亿顺汽车销售服务有限公司是增值税一般纳税人企业,适用的增值税税率为13%。

(1) 2021 年 9 月 11 日,客户刘军到店购车,合同含税价为 180 000 元,增值税税率为 13%,因资金紧张需办理分期购车,以首付 30% 办理分期。刘军刷卡支付首付款 54 000 元,POS 机刷卡产生手续费用 25 元。

(2) 2021 年 9 月 15 日,收到银行转来的分期款 126 000 元。

任务测练内容,如表 3-9 所示。

表 3-9 任务测练

问题	答案
1. 该业务涉及的原始凭证有哪些	
2. 填制该笔业务的记账凭证	
3. 比较客户全款购车和分期付款购车业务的异同点	

任务评价

在表 3-10 中填写任务的总体评价。

表 3-10　任务评价

内容	自我评价(30%)	小组评价(30%)	教师评价(40%)	得分
1. 对于客户分期付款购车业务的基础知识(20分)				
2. 汽车销售增值税的处理(20分)				
3. 业务涉及原始凭证的填制与审核(30分)				
4. 业务涉及记账凭证的填制与审核(30分)				
合计				

四、汽车装饰销售及赠送

任务描述

2021年9月1日销售汽车导航1套,含税价为2 260元,增值税税率为13%,客户用微信支付(手续费0.27%),该商品成本为1 200元。销售人员又赠送给客户价值500元的汽车脚垫饰品。

任务目标

任务目标如表 3-11 所示。

表 3-11　任务目标

出纳	使用微信收款,开具增值税发票
会计	原始凭证整理、记账凭证填制

任务图志

1. 开具增值税发票（图3-22）

图3-22　增值税专用发票

2. 结转汽车导航成本

任务实践

填制相关凭证（图3-23和图3-24）。

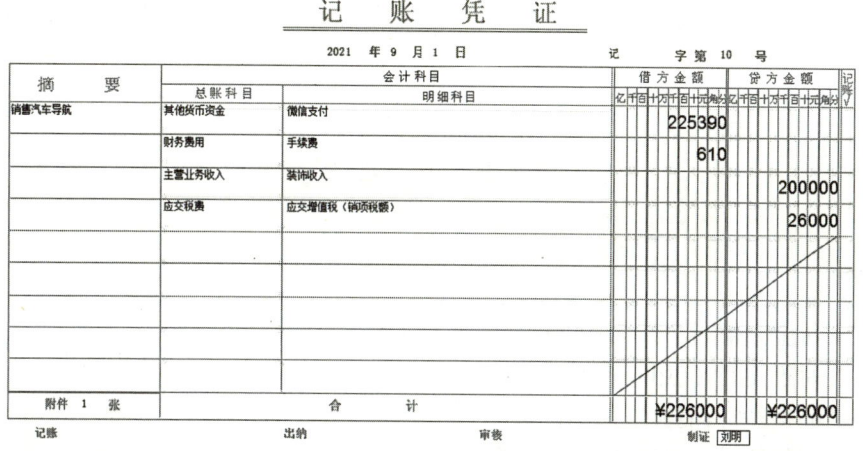

图3-23　记账凭证（一）

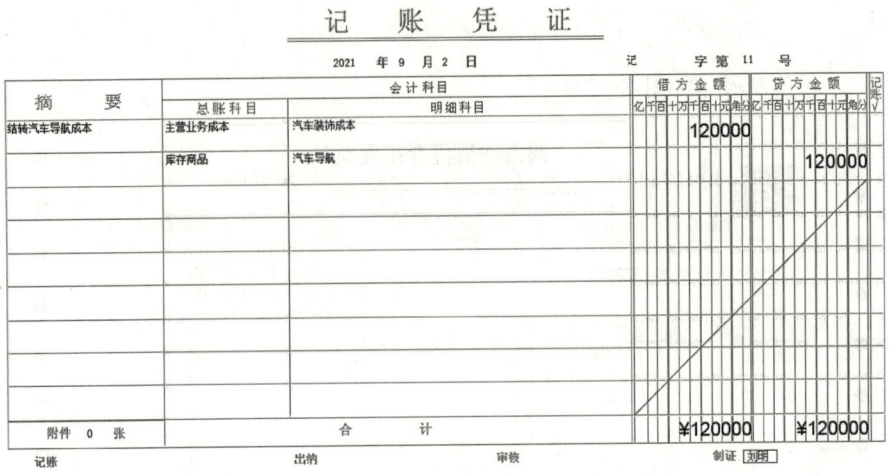

图 3-24　记账凭证(二)

3. 结转赠送饰品的成本(图 3-25)

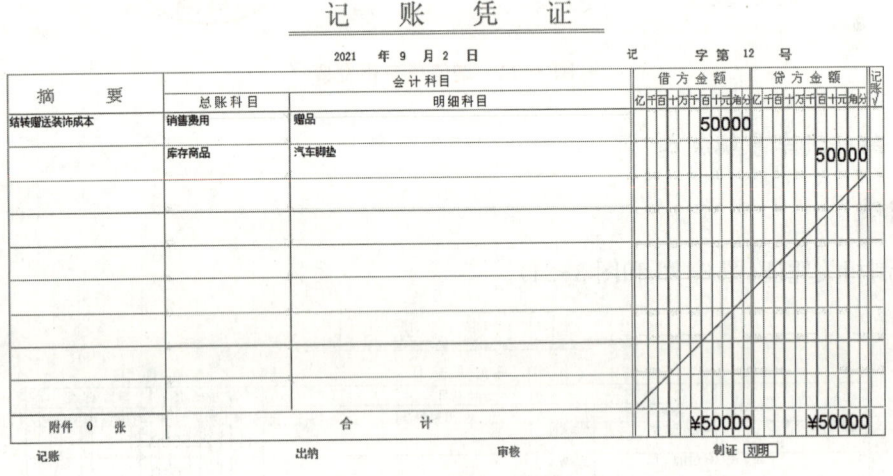

图 3-25　记账凭证(三)

任务口诀

　　遇到支付宝微信,记"其他货币资金"。
　　手机支付很便利,应用一定要谨慎。
　　赠送赠品很经常,能够增加销售量。
　　填写记账凭证时,"销售费用"在借方。

任务测练

　　郑州亿顺汽车销售服务有限公司是增值税一般纳税人企业,适用的增值税税率为13%。2021年9月17日销售汽车音响1套,含税价为5 650元,增值税税率为13%。客户用微信支付(手续费0.27%),该商品成本为4 000元。公司又赠送给客户价值600元的汽车座垫饰品。

任务测练内容,如表3-12所示。

表3-12 任务测练

问题	答案
1. 该业务涉及的原始凭证有哪些	
2. 填制该笔业务的记账凭证	
3. 简要描述微信、支付宝、云闪付在商业零售企业收款业务中的应用流程	

任务评价

在表3-13中填写任务的总体评价。

表3-13 任务评价

内容	自我评价(30%)	小组评价(30%)	教师评价(40%)	得分
1. 汽车装饰销售及赠送的基础知识(20分)				
2. 汽车装饰销售及赠送业务增值税的处理(20分)				
3. 业务涉及原始凭证的填制与审核(30分)				
4. 业务涉及记账凭证的填制与审核(30分)				
合计				

五、配件购进与销售

任务描述

1. 2021年9月2日,华祥汽车4S店从M公司购进汽车A配件10套,并验收入库。收到增值税专用发票,价税合计7 910元,款项用银行存款支付。

2. 2021年9月6日销售给客户周明1套汽车A配件,含税价为1 130元,增值税税率为13%。现金收讫,该配件成本为700元。

任务目标

任务目标如表3-14所示。

表3-14　任务目标

出纳	现金收款,开具增值税发票
会计	原始凭证整理、记账凭证填制

> **任务图志**

1. 购入A配件

增值税专用发票,如图3-26所示。

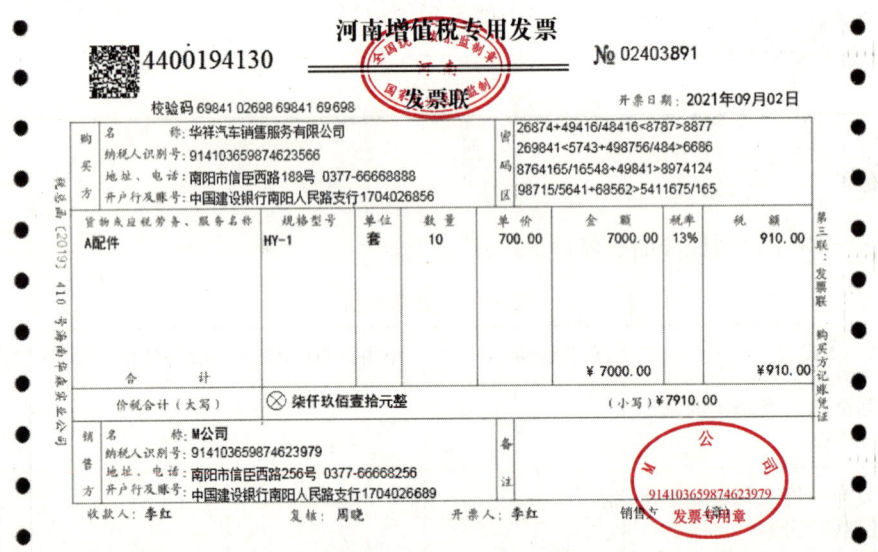

图3-26　增值税专用发票

2. 配件入库

入库单如表3-15所示。

表3-15　入库单

供货单位:M公司　　　　　　　　　　　　　　　入库时间:2021年9月4日

货物名称	型号	商品编号	数量	备注
A配件	HY-1	HY00369001	1	
A配件	HY-1	HY00369002	1	
A配件	HY-1	HY00369003	1	
A配件	HY-1	HY00369004	1	
A配件	HY-1	HY00369005	1	
A配件	HY-1	HY00369006	1	
A配件	HY-1	HY00369007	1	
A配件	HY-1	HY00369008	1	

(续表)

货物名称	型号	商品编号	数量	备注
A配件	HY-1	HY00369009	1	
A配件	HY-1	HY00369010	1	

交货人：张坤　　　　　　　　　　　　　　　　　　　　　　签收人：李伟

3. 销售 A 配件

增值税专用发票如图 3-27 所示。

图 3-27　增值税专用发票

任务实践

填制相关凭证（图 3-28 至图 3-30）。

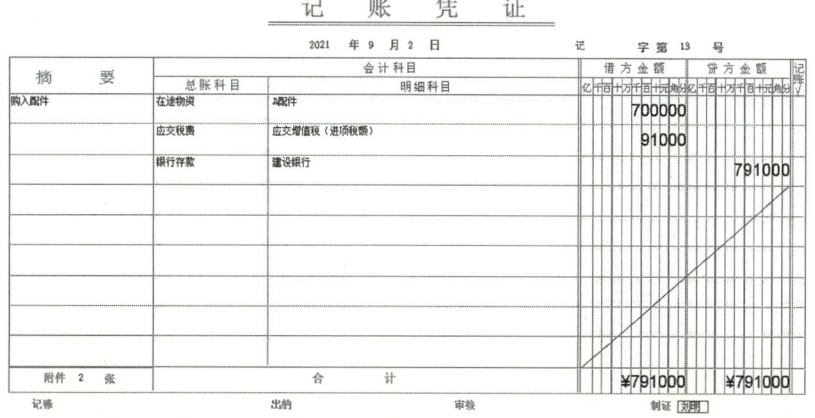

图 3-28　记账凭证（一）

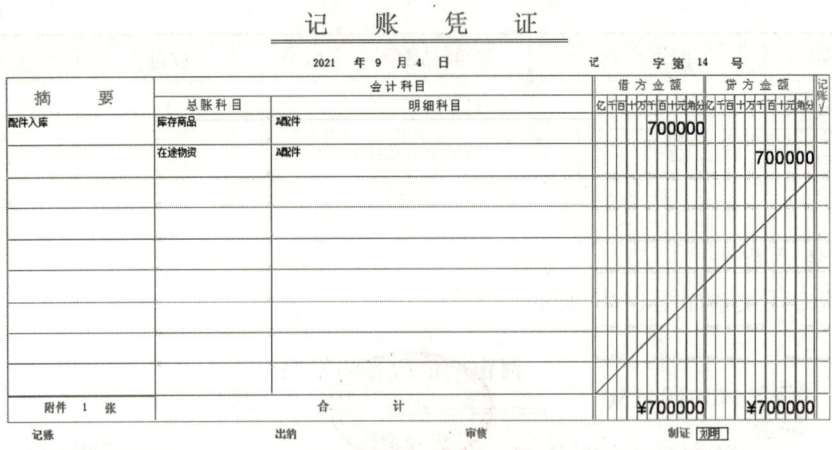

图 3-29　记账凭证(二)

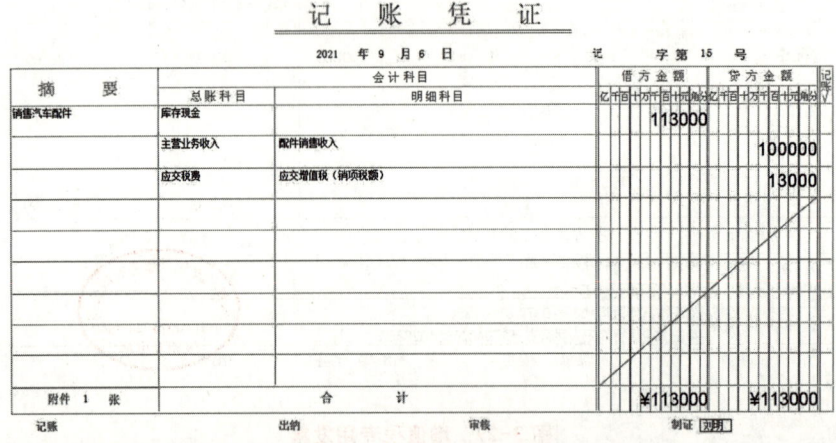

图 3-30　记账凭证(三)

4. 结转配件销售成本

记账凭证(四)如图 3-31 所示。

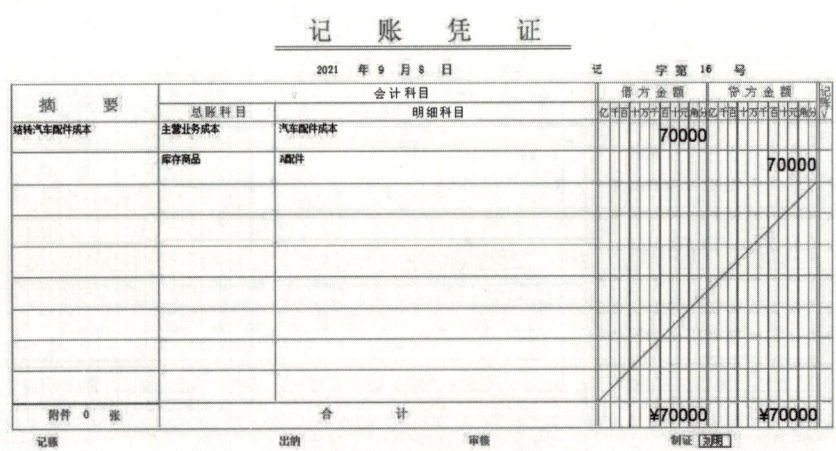

图 3-31　记账凭证(四)

任务口诀

采购材料增值税,借方记"应交税费"。
增值税乃价外税,账户不属费用类。

任务测练

郑州亿顺汽车销售服务有限公司是增值税一般纳税人企业,适用的增值税税率为13%。2021年9月19日,郑州亿顺汽车销售服务有限公司销售给客户1套汽车配件,开具增值税专用发票,价税合计678元,客户使用支付宝付款。该配件成本为400元。

任务测练如表3-16所示。

表3-16 任务测练

问题	答案
1. 该业务涉及的原始凭证有哪些	
2. 填制该笔业务的记账凭证	
3. 简述配件购销业务流程	

任务评价

在表3-17中填写任务的总体评价。

表3-17 任务评价

内容	自我评价(30%)	小组评价(30%)	教师评价(40%)	得分
1. 汽车配件购进与销售的基础知识(20分)				
2. 汽车配件购进与销售业务增值税的处理(20分)				
3. 业务涉及原始凭证的填制与审核(30分)				
4. 业务涉及记账凭证的填制与审核(30分)				
合计				

六、保险理赔

任务描述

2021年9月10日,华祥汽车4S店受理A保险公司的理赔业务,维修费10 170元。其中,部分维修业务由甲公司代为完成,需支付给甲公司修理费2 000元。维修中更换的配件成本为3 700元。

任务目标

任务目标如表3-18所示。

表 3-18　任务目标

出纳	收取款项,开具增值税发票
会计	原始凭证整理、记账凭证填制

任务图志

1. 一般关于保险公司理赔维修先挂账

增值税专用发票如图 3-32 所示。

图 3-32　增值税专用发票

2. 2021 年 9 月 12 日,保险公司回款(其中有部分款是退其他修理公司的修理费)收据如图 3-33 所示。

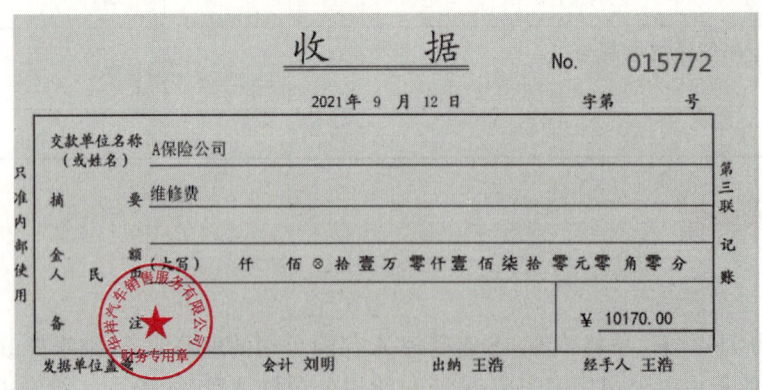

图 3-33　收据

任务实践

填制相关凭证(图 3-34 至图 3-38)。

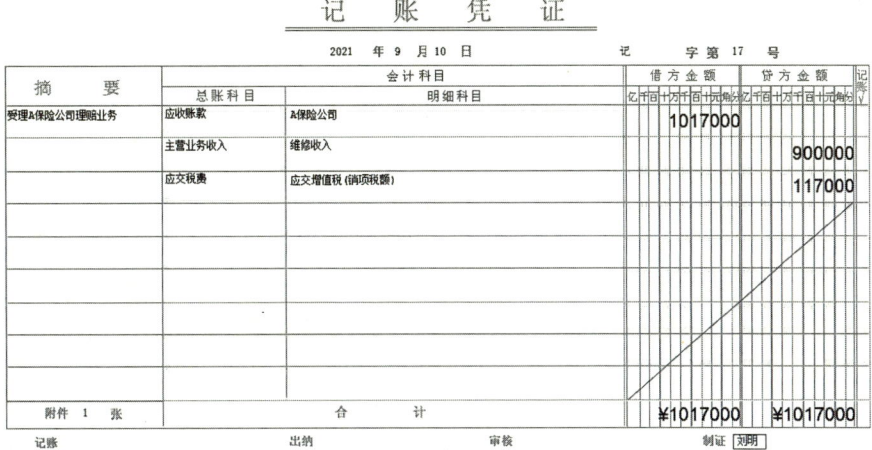

图 3-34　记账凭证（一）

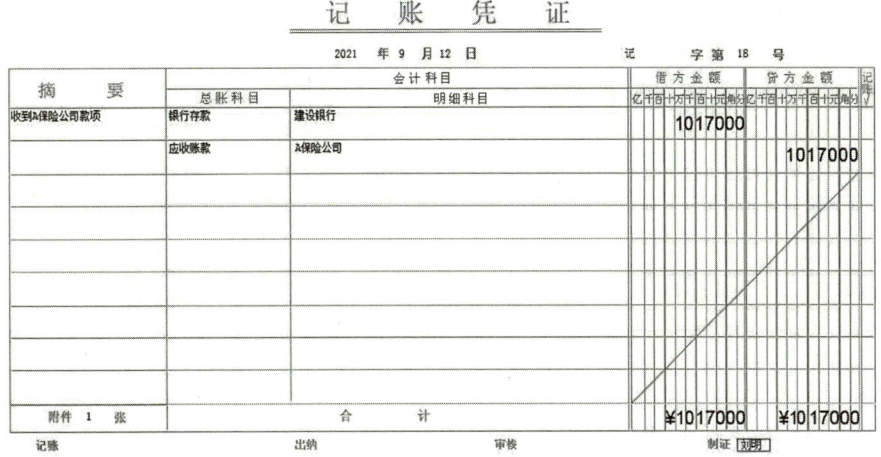

图 3-35　记账凭证（二）

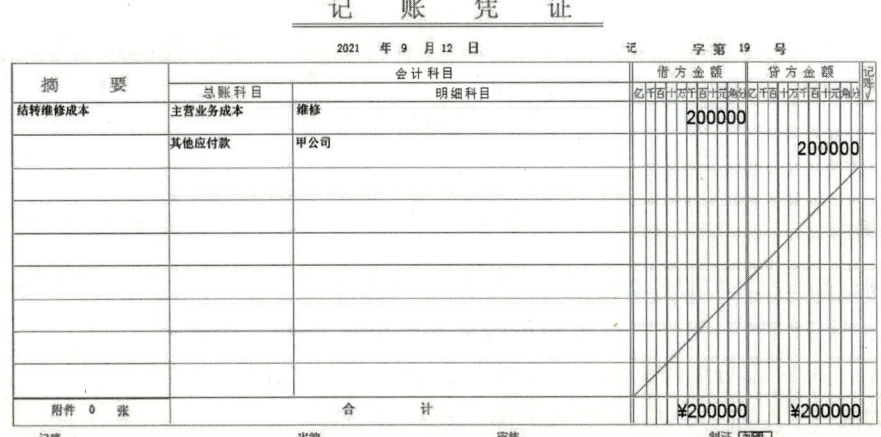

图 3-36　记账凭证（三）

3. 退给甲公司修理费

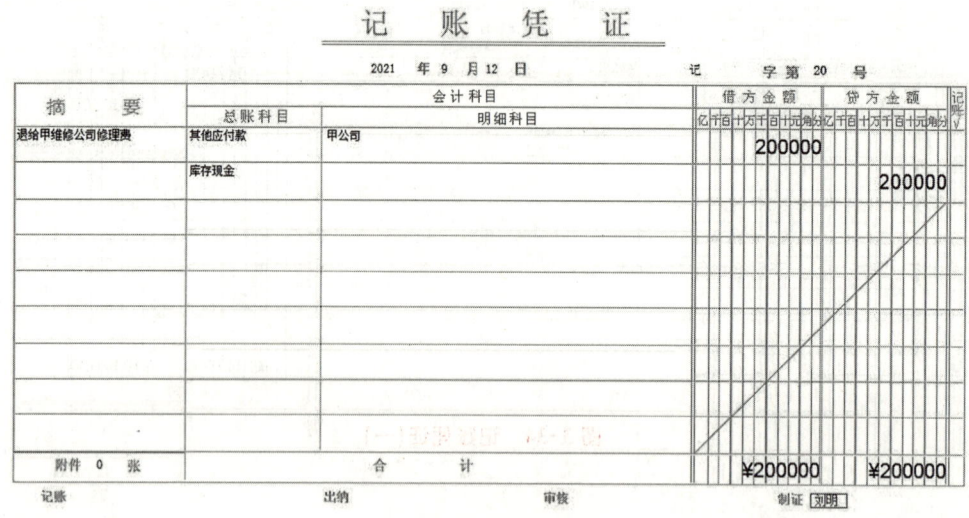

图 3-37　记账凭证(四)

4. 结转维修中配件的成本

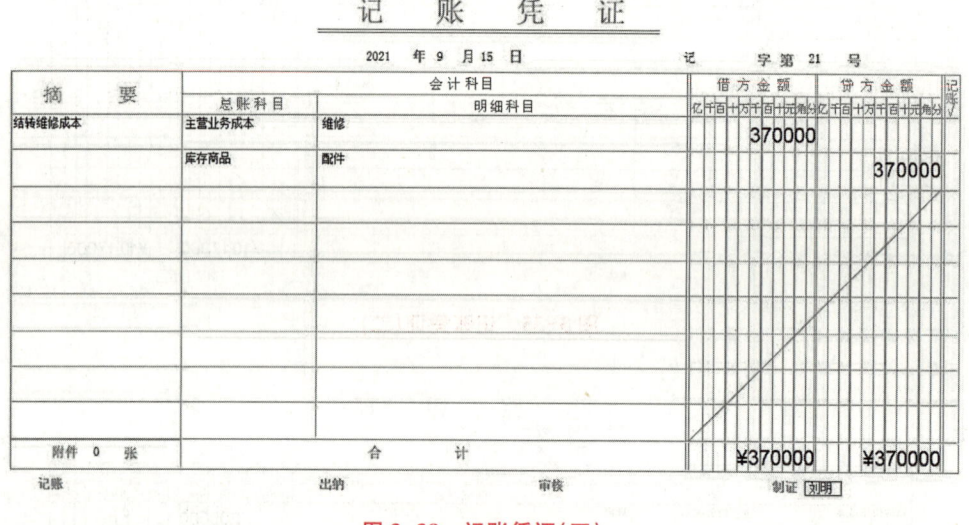

图 3-38　记账凭证(五)

任务测练

郑州亿顺汽车销售服务有限公司是增值税一般纳税人企业,适用的增值税税率为 13%。2021 年 9 月 21 日,郑州亿顺汽车销售服务有限公司受理 Y 保险公司理赔业务,维修费 11 300 元。其中,部分维修业务由丙公司代为完成,需支付给丙公司修理费 3 000 元。维修中更换的配件成本为 4 000 元。任务测练如表 3-19 所示。

表 3-19　任务测练

问题	答案
1. 该业务涉及的原始凭证有哪些	
2. 填制该笔业务的记账凭证	

任务评价

在表 3-20 中填写任务的总体评价。

表 3-20　任务评价

内容	自我评价(30%)	小组评价(30%)	教师评价(40%)	得分
1. 保险理赔的基础知识(20 分)				
2. 保险理赔业务增值税的处理(20 分)				
3. 业务涉及原始凭证的填制与审核(30 分)				
4. 业务涉及记账凭证的填制与审核(30 分)				
合计				

七、售后维修

任务描述

2021 年 9 月 18 日,王林到店维修车辆,需更换汽车保险杠。因维修时间较长,两天后才可以正常交车,维修费共 2 825 元。王林用银行存款支付维修款项,并于两天后来提车。该商品成本为 2 000 元。

任务图志

1. 收到王林的维修款

收据如图 3-39 所示。

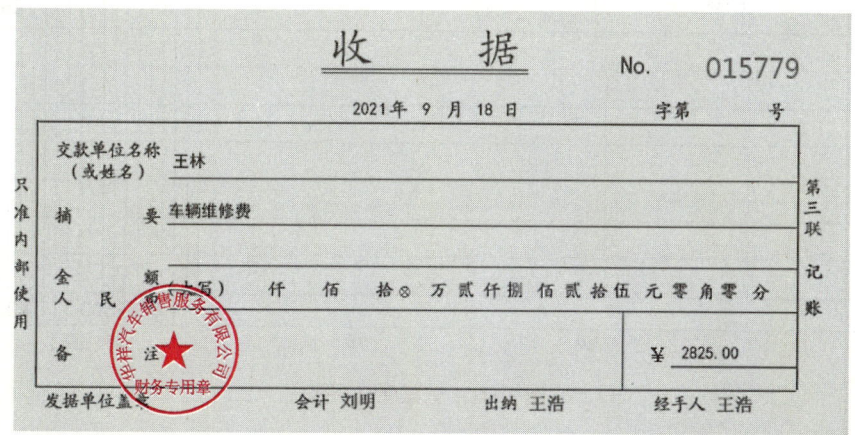

图 3-39　收据

2. 9月20日,王林到店提车,会计人员为其开具维修发票增值税专用发票如图3-40所示。

图 3-40　增值税专用发票

任务实践

填制相关凭证(图 3-41 至图 3-43)。

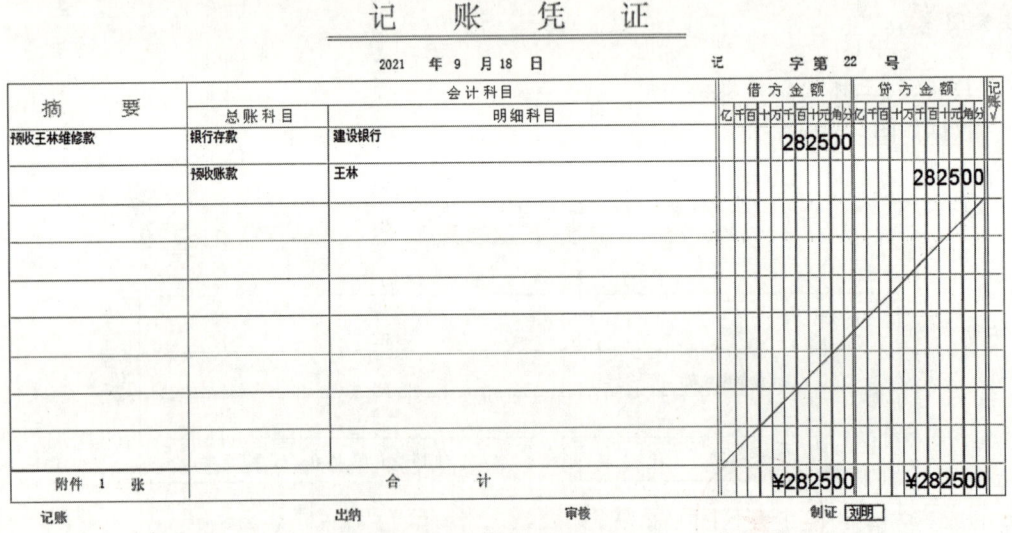

图 3-41　记账凭证(一)

案例三　华祥汽车4S店

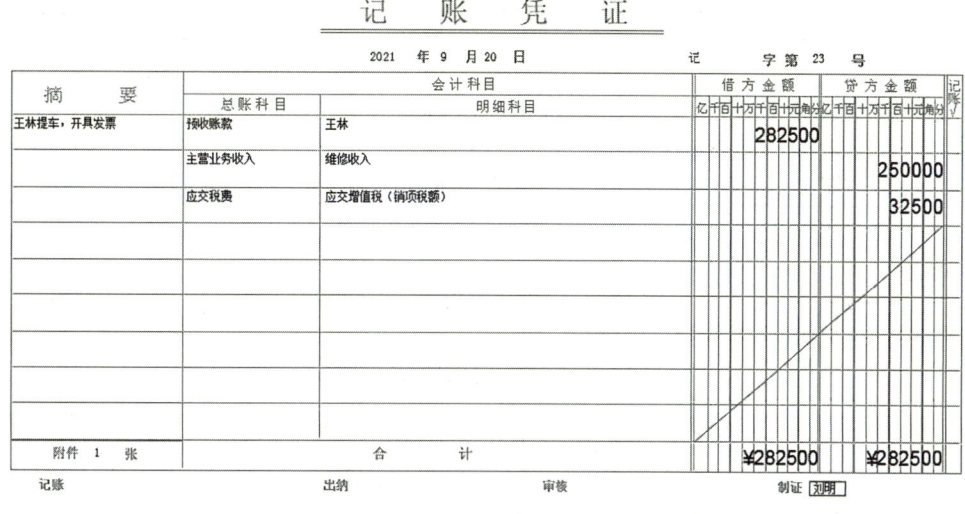

图3-42　记账凭证(二)

3. 9月25日,结转维修成本

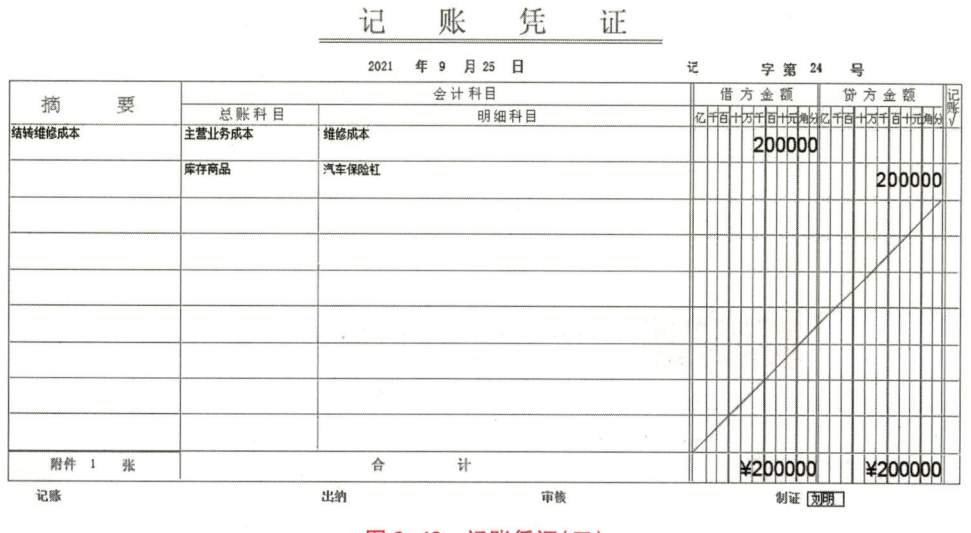

图3-43　记账凭证(三)

任务测练

郑州亿顺汽车销售服务有限公司是增值税一般纳税人企业,适用的增值税税率为13%。2021年9月23日,张军到店维修车辆,需更换汽车零件E。因维修时间较长,两天后才可以正常交车,维修费共3 390元。张军用银行存款支付维修款项,并于两天后来提车。该零件E的成本为2 000元。任务测练内容如表3-21所示。

表 3-21　任务测练

问题	答案
1. 该业务涉及的原始凭证有哪些	
2. 填制该笔业务的记账凭证	

任务评价

在表 3-22 中填写任务的总体评价。

表 3-22　任务评价

内容	自我评价(30%)	小组评价(30%)	教师评价(40%)	得分
1. 售后维修的基础知识(20 分)				
2. 售后维修业务增值税的处理(20 分)				
3. 业务涉及原始凭证的填制与审核(30 分)				
4. 业务涉及记账凭证的填制与审核(30 分)				
合计				

任务三　能力提高：增值税发票开具

一、发票登记管理

日常经营活动中，任何单位和个人使用增值税发票，都应当遵照《中华人民共和国发票管理办法》及其实施细则的规定。在销售商品、提供服务以及从事其他经营活动时，对外发生经营业务收取款项，由收款方向付款方开具发票。特殊情况下，由付款方向收款方开具发票。

所有单位和从事生产、经营活动的个人，在购买商品、接受服务以及从事其他经营活动支付款项后，应当向收款方取得发票。在取得发票时，不得要求变更品名和金额。

《中华人民共和国税收征收管理法实施细则》第二十八条规定：纳税人应当按照税务机关的要求安装、使用税控装置，并按照税务机关的规定报送有关数据和资料。

安装税控设备的单位和个人，应当按照规定使用税控设备开具发票，并按期向主管税务机关报送开具发票的数据。开具发票时应当按照规定的时限、顺序、栏目，全部联次一次性如实开具,并加盖发票专用章。

任何单位和个人不得有下列虚开发票的行为:

(1) 为他人、为自己开具与实际经营业务情况不符的发票;

(2) 让他人为自己开具与实际经营业务情况不符的发票;

(3) 介绍他人开具与实际经营业务情况不符的发票。

不符合规定的发票不得作为财务报销凭证,任何单位和个人有权拒收。任何单位和个人应当按照发票管理规定使用发票,不得有下列行为:

(1) 转借、转让、介绍他人转让发票、发票监制章和发票防伪专用品;

(2) 知道或者应当知道是私自印刷、伪造、变造、非法取得或者废止的发票,却实施受让、开具、存放、携带、邮寄、运输的行为;

(3) 拆本使用发票;

(4) 扩大发票使用范围;

(5) 以其他凭证代替发票使用。

除国务院税务主管部门规定的特殊情形外,发票限于领购单位和个人在本省、自治区、直辖市内开具。任何单位和个人不得在跨规定的使用区域携带、邮寄、运输空白发票。禁止携带、邮寄或者运输空白发票出入境。

作废发票:开具增值税发票后,如需要作废发票,企业必须收回原发票并注明"作废"字样,再执行发票作废操作。

红字发票:开具增值税发票后,如需要开红字发票,企业必须收回原发票并注明"作废"字样或取得对方有效证明后,再执行红字冲销及重新开具销售发票的操作。

可以通过全国增值税发票查验平台,查验纳税人取得的增值税发票。

二、增值税发票的保管

增值税发票的保管及其处理,如表 3-23、表 3-24 所示。

表 3-23 增值税发票的保管

空白发票的保管	发票集中保管制度。指定专人保管空白发票及专用设备;设立发票管理账簿,对所有发票的领购及使用实行登记入账;对没有条件实行发票集中保管的,用票单位应视具体情况设立专库(柜),确保发票安全
作废发票的保管	发生销货退回、开票有误等情形,收到退回的发票联、抵扣联符合作废条件的,按作废处理;开具时发现有误的,可即时作废。作废专用发票须在防伪税控系统中将相应的数据电文按"作废"处理,在纸质专用发票(含未打印的专用发票)各联次上注明"作废"字样,全联次留存,粘贴在原发票存根上,不得私自销毁,以备核查
发票存根的保管	用票单位和个人应妥善保管已使用过的发票的存根。在保管期限内,任何单位和个人都不得私自销毁

表 3-24 增值税发票的缴销和丢失发票的处理

发票的缴销	一般纳税人注销税务登记、转为小规模纳税人,或由于政策变化实行发票统一换版等情况,应在规定时间内将专用设备和结存未用的纸质专用发票,送至主管税务机关进行缴销处理。即在纸质专用发票监制章处按"V"字剪角作废,同时作废相应的专用发票数据电文

丢失发票的处理	1. 丢失未使用发票 丢失增值税专用发票应按照有关规定，在丢失当日向主管税务机关汇报，并办理发票挂失损毁报告，同时需要提交《发票挂失、损毁报告表》。另外，还需要退回或作废增值税发票税控开票软件中的空白发票。 2. 丢失已使用发票 (1) 纳税人同时丢失已开具增值税专用发票或机动车销售统一发票的发票联和抵扣联，可将加盖销售方发票专用章的相应发票记账联复印件，作为增值税进项税额的抵扣凭证、退税凭证或记账凭证。 (2) 纳税人丢失已开具增值税专用发票或机动车销售统一发票的抵扣联，可将相应发票的发票联复印件，作为增值税进项税额的抵扣凭证或退税凭证；纳税人丢失已开具增值税专用发票或机动车销售统一发票的发票联，可凭相应发票的抵扣联复印件，作为记账凭证。

三、增值税专用发票开具基本规定

单位和个人在开具发票时，必须做到按照号码顺序填开，填写项目齐全、内容真实、字迹清楚、全部联次一次打印、内容完全一致，并符合下列要求。

1. 项目齐全，与实际交易相符；
2. 字迹清楚，不得压线、错格；
3. 发票联及其他相关联次加盖发票专用章；
4. 按照增值税纳税义务的发生时间开具。

开具发票应当使用中文。民族自治地方可以同时使用当地通用的一种民族文字。

四、增值税发票开具要点

增值税发票的各栏填写要点，如图3-44至图3-48所示。

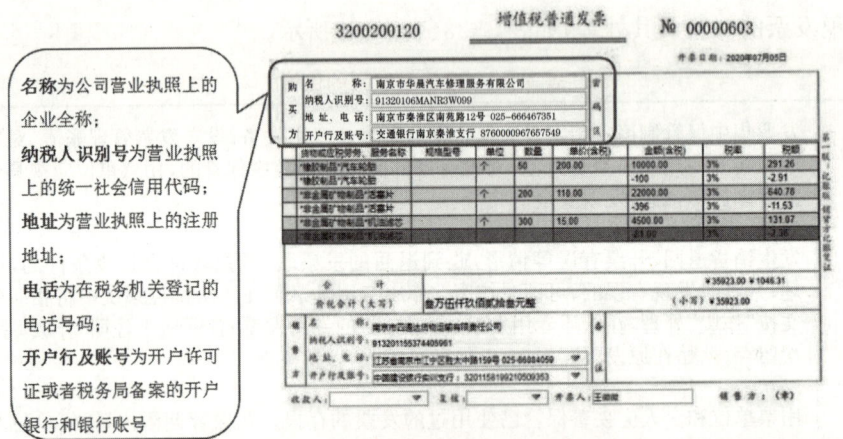

图3-44 增值税发票"购买方"栏填写要点

【注意】 购买方的填写要点

(1) 纳税人在向企业开具增值税专用发票时，购买方信息必须全部填写，并保证填写信息正确；

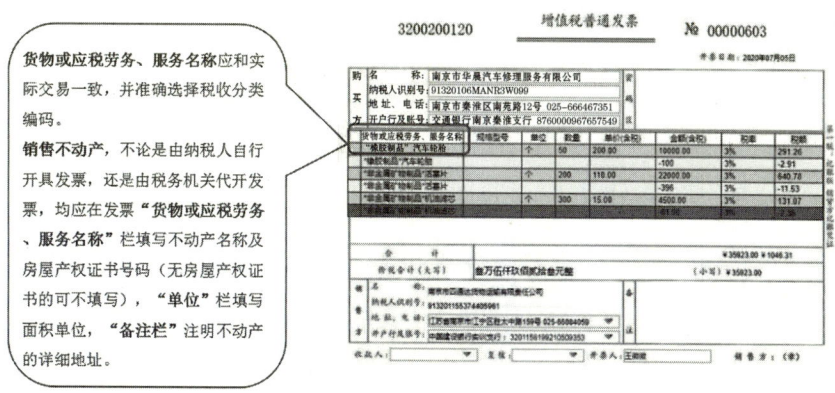

图 3-45　增值税发票"货物或应税劳务、服务名称"栏填写要点

（2）纳税人在向企业开具增值税普通发票时，应在购买方信息栏目填写购买方的名称、统一社会信用代码，可以不填写地址电话、开户行及账号两项内容；

（3）纳税人在向个人开具增值税普通发票时，应在购买方信息栏目的名称处填写姓名或个人信息，可以不填写统一社会信用代码、地址电话、开户行及账号等内容。

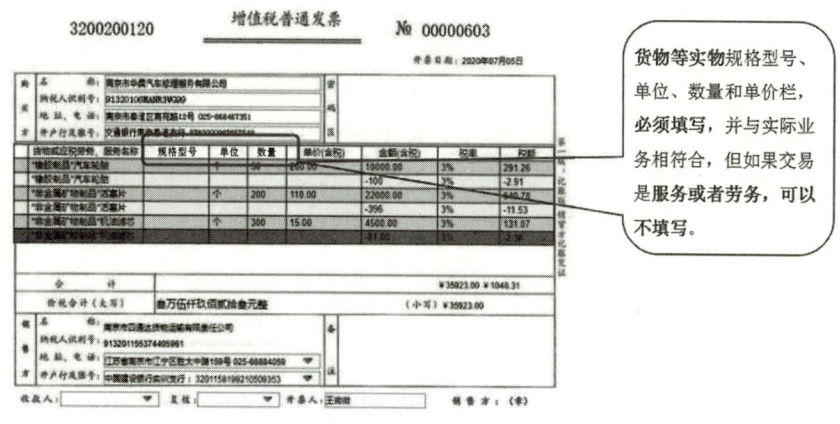

图 3-46　增值税发票"规格型号、单位、数量"栏填写要点

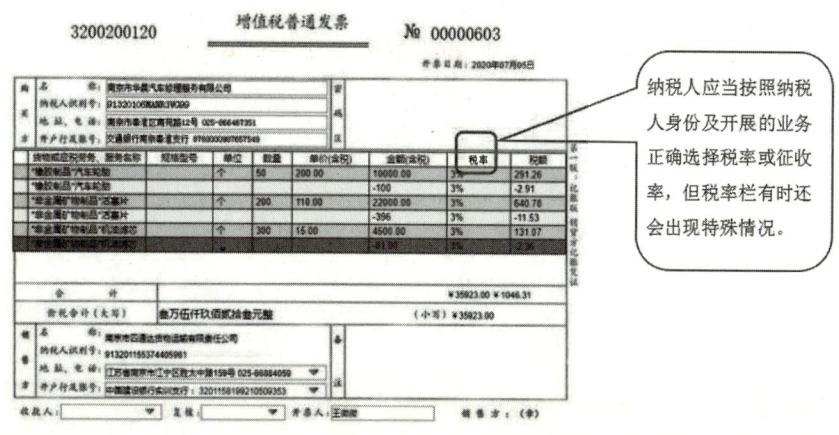

图 3-47　增值税发票"税率"栏填写要点

增值税发票税率的特殊标识及其含义,如表 3-25 所示。

表 3-25 增值税发票税率的特殊标识及其含义

税率的特殊标识	含义
税率栏为 0 或者免税	表示纳税人发生应税行为适用零税率或者免征增值税政策
税率栏显示＊＊＊	表示纳税人有免征增值税、差额征税或个人出租住房,减征增值税等情况
税率栏显示＊	表示属于电信公司提供电信服务。根据总局规定,开具发票时可以选择上级节点编码开票,由于基础电信服务与增值电信服务适用税率不同,导致发票系统只能打印＊
税率栏显示不征税	这是未发生销售行为的不征税项目的特定情形,目前一共十二类,包括预付卡销售和充值、销售自行开发的房地产项目预收款、代收印花税、代收车船使用税、融资性售后回租业务中承租方出售资产、资产重组涉及的房屋等不动产、资产重组涉及的土地使用权、代理进口免税货物货款、有奖发票奖金、不征税自来水、建筑服务预收款、代收民航发展基金等

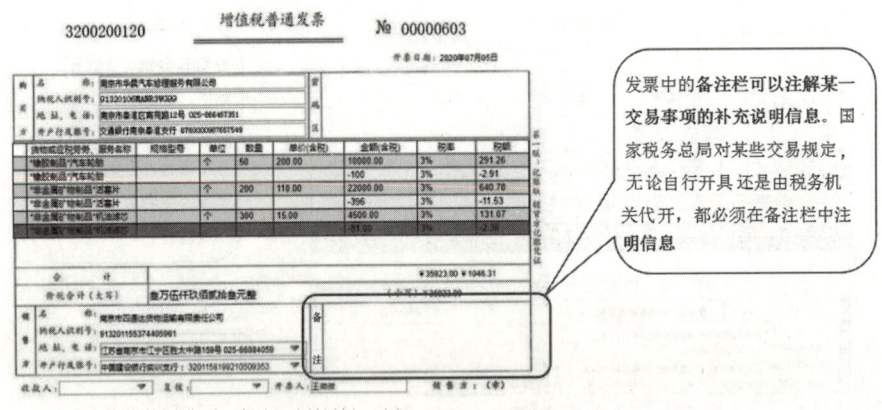

图 3-48 增值税发票"备注"栏填写要点

不同业务中增值税发票"备注"栏的填写要求,如表 3-26 所示。

表 3-26 不同业务中增值税发票"备注"栏的填写要求

业务	备注信息	注意事项
运输服务	起运地、到达地、车种车号以及运输货物信息等内容	
提供建筑服务	建筑服务发生地县(市、区)名称及项目名称	
销售不动产	不动产的详细地址	
出租不动产	不动产的详细地址	
差额发票	备注栏自动打印"差额征税"字样	差额开票开具不应与其他应税行为混开

(续表)

业务	备注信息	注意事项
预付卡结算	收到预付卡结算款	该业务不得开具增值税专用发票
保险代收车船税发票	保险单号、税款所属期(详细至月)、代收车船税金额(滞纳金金额)、金额合计等信息	
互联网物流平台企业代开货物运输发票	会员的纳税人名称和统一社会信用代码(或税务登记证号码或组织机构代码)	
生产企业代办退税的出口货物	代办退税专用	

1. 电子普通发票

增值税电子普通发票是以数据电文形式传递、保存及使用的收付款凭据,其法律效力、基本用途、基本使用规定等,与税务机关监制的增值税普通发票相同。需要注意的是,目前电子发票仅指增值税电子普通发票,其外观和增值税普通发票基本一致,由税务机关统一发放给纳税人使用。电子发票的发票号码采用全国统一编码及防伪技术。分配给企业纳税人使用的电子发票上必须附有电子税局的签名机制。

纳税人应通过增值税发票管理新系统开具增值税电子普通发票。开票方和受票方若需要纸质发票,可自行打印增值税电子普通发票的版式文件。

2. 区块链电子发票

区块链是囊括了分布式数据存储、点对点传输、共识机制、加密算法等计算机技术的新型应用模式。利用区块链技术开发电子发票可实现无纸化智能税务管理,从而降低开票成本、简化开票及票据使用流程、保障数据安全和隐私。区块链电子发票业务流程,如图 3-49 所示。

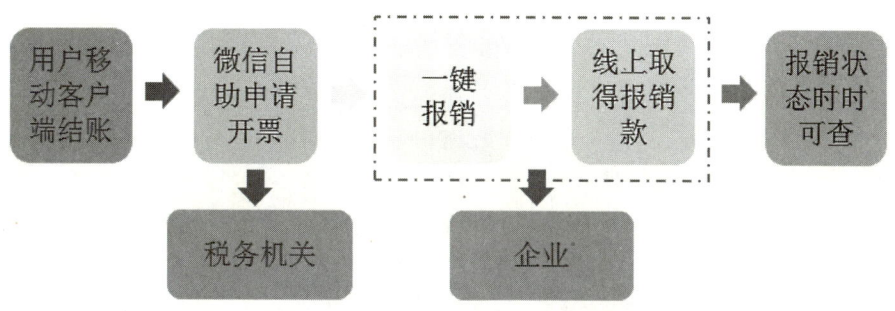

图 3-49 区块链电子发票业务流程

区块链技术的应用,使电子发票还具备全流程完整追溯、信息不可篡改的特点。其溯源特性,可以追溯发票的来源、真伪和入账等信息,解决发票流转过程中一票多报、虚报虚抵、真假难验等难题。

五、增值税发票税控开票软件(金税盘版)操作

增值税发票管理新系统是国家金税工程的主要组成部分,增值税发票税控开票软件(金税盘版)是增值税发票管理新系统的组成之一。该软件可开具以下类型发票:

(1) 增值税专用发票;

(2) 增值税普通发票(平推式发票);

(3) 增值税电子普通发票;

(4) 机动车销售统一发票;

(5) 成品油发票。

案例四

八达通物流服务有限公司

案例目录

任务一 企业概况 ··· 111
  一、背景资料 ··· 111
  二、公司各部门职能设置及其主要工作流程 ··············· 112
    （一）公司各部门职能设置 ·· 112
    （二）公司运输方式 ·· 112
    （三）物流运输流程 ·· 113

任务二 八达通物流业务核算 ··· 113
  一、物流运输业务的核算 ··· 113
  二、仓储收入的核算 ·· 116
  三、物流成本的核算 ·· 120
  四、租赁仓库的核算 ·· 123
  五、结转成本的账务处理 ··· 126
  六、包装费的核算 ·· 130
  七、运输人员工资的核算 ··· 132
  八、车辆维修费的核算 ··· 134
  九、期间费用与其他支出的核算 ···································· 137
  十、交通罚款支出的核算 ··· 140

任务一　企业概况

一、背景资料

佛山市八达通物流服务有限公司(以下简称,八达通物流)位于广东省佛山市南海区,从事公路货物运输;经营范围包括普通货物运输、仓储服务、代办货物运输服务;注册资金为500万元,为增值税一般纳税人。该企业的营业执照如图4-1所示。

图4-1　营业执照

二、公司各部门职能设置及其主要工作流程

(一) 公司各部门职能设置

公司各部门职能设置,如图 4-2 所示。

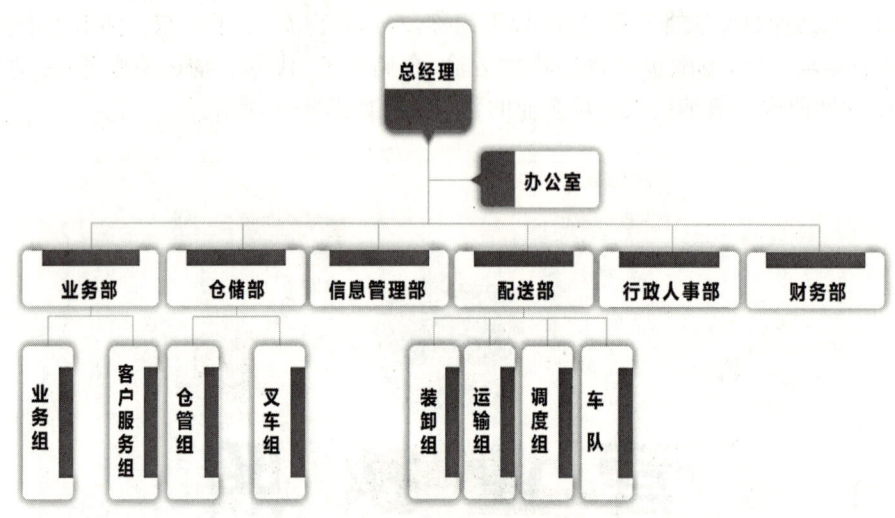

图 4-2　公司各部门职能设置

(二) 公司运输方式

公司运输方式如表 4-1 所示。

表 4-1　公司运输方式

同城运输	同城运输一般面向的客户是超市,适于同城间大型配送。在大型配送的情况下,同城运输能更好地体现自身专业能力,也能对运输的及时性负责
区域配送	区域配送一般是在城市间或同一个省份内实行。这些区域内覆盖了大量的网点和丰富的货源,集中起来运输较为便利
全国的综合运输	全国的综合运输是大中型企业的运输,负责全国范围内的运输,集中了仓储和其他的增值业务。这类的企业一般在全国各地都有分部,有自己的车辆资源,其服务的对象一般是大型企业。全国的综合运输类企业有全国发货的能力,并且量多
零担物流	零担物流相当于快递,可以承接小件快运,一般都可以跨省同城运输。但是运输时间长,不能送货上门,运输周期长

(三) 物流运输流程

物流运输流程如图 4-3 所示。

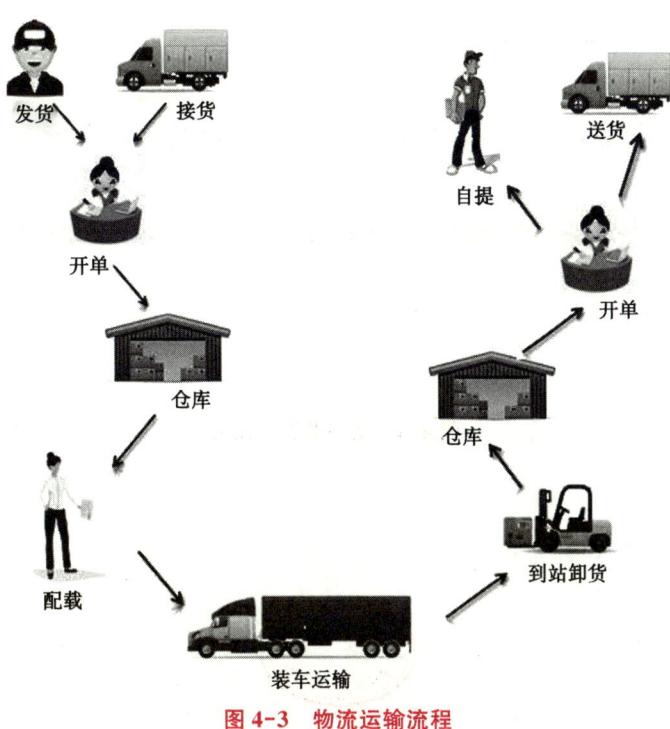

图 4-3　物流运输流程

任务二　八达通物流业务核算

一、物流运输业务的核算

任务描述

2021 年 8 月 5 日,运输部完成了与广东全路通铁路专用器材工厂签订的运输订单,运输一批器材至北京,并开具运输发票。运输收入为 348 000 元,增值税税率为 9%。对方通过网银转账,款项已收。

任务目标

任务目标有以下几点:①了解物流运输收入业务流程;②掌握原始凭证整理、记账凭证填制;③掌握物流业发票的相应税率。

任务图志

1. 开具运单,公司派车去广东全路通进行货物装配

货物装配系统图,如图 4-4 所示。

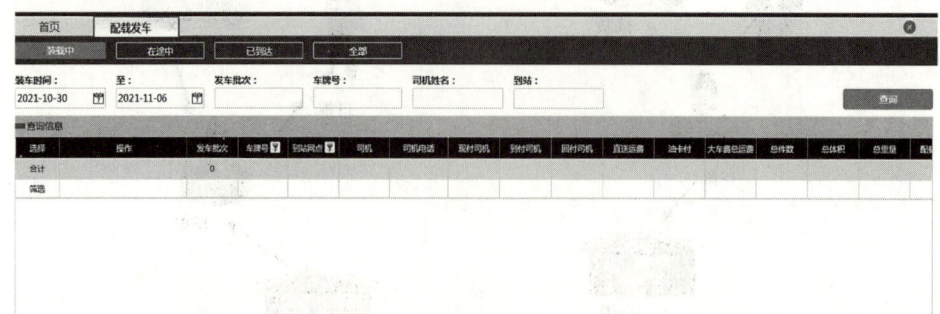

图 4-4 货物装配系统图

2. 开具增值税专用发票

增值税专用发票,如图 4-5 所示。

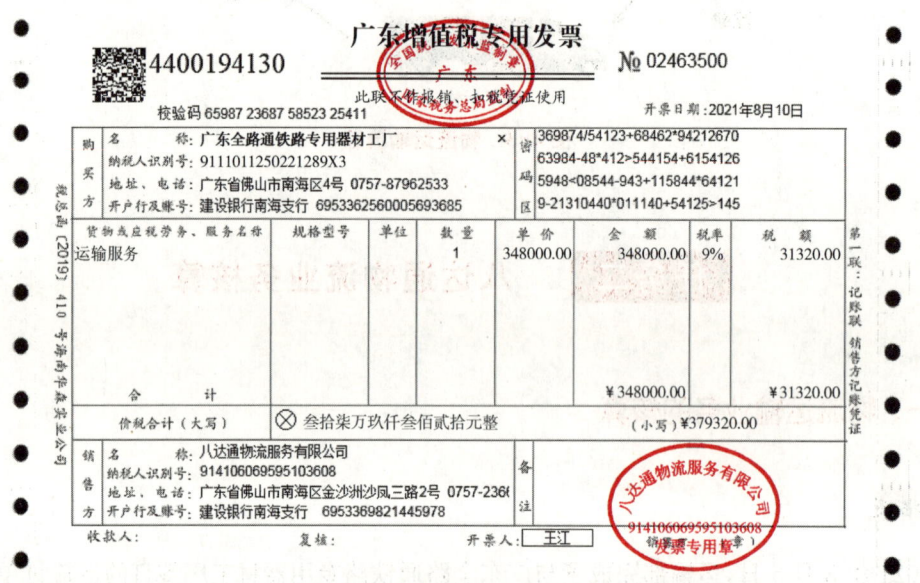

图 4-5 增值税专用发票

任务口诀

字号要连续,日期要写清。
有借必有贷,借贷必相等。
先借而后贷,科目要弄懂。
金额要合计,签名要齐整。

任务实践

开具运单并将货物装车后开出增值税专用发票。以运单和增值税专用发票作为原始凭证,填制记账凭证(图 4-6)。

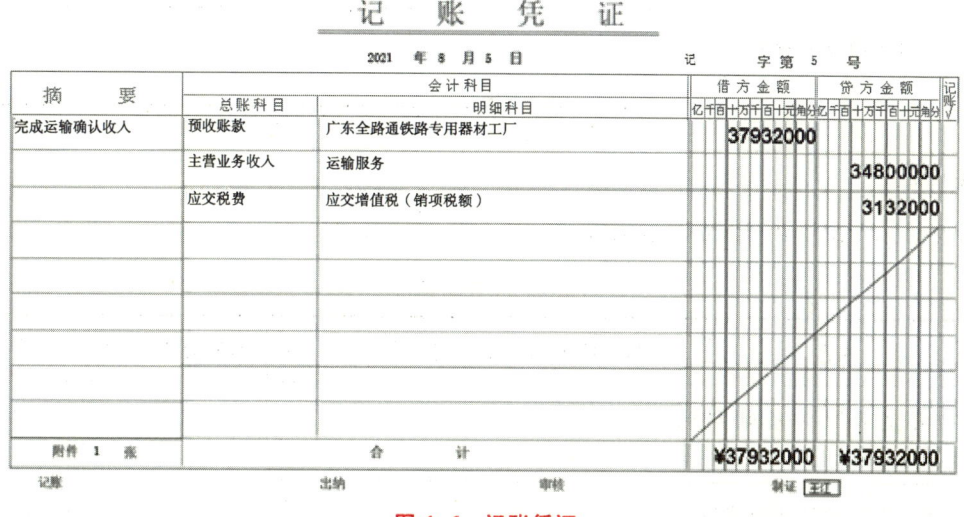

图 4-6 记账凭证

【知识链接】 物流业发票和相应税率

物流业一般纳税人的增值税发票分为两种,一种是货运业增值税发票,税率为9%,可以开运费发票(如果是小规模纳税人,则需要到税务局代开,征收率为3%)。另一种是增值税专用发票,从事物流行业的企业,除货物运输业务外,还可以有辅助服务,税率是6%,可以开仓储费、搬运费。增值税专用发票是由国家税务总局监制设计印制的,只限于增值税一般纳税人领购使用,既是纳税人反映经济活动中的重要会计凭证,又是兼记销货方纳税义务和购货方进项税额的合法证明,同时还是增值税计算和管理中重要的决定性的合法的专用发票。

任务测练

2021年11月9日,某公司收到广东三洋电器公司订单,运输一批电器至广东汕头。运输收入为3 520元,增值税税率为9%。对方通过微信转账付款,款项已收。任务测练内容如表4-2所示。

表4-2 任务测练

问题	答案
1. 说出该业务涉及的原始凭证有哪些	

(续表)

问题	答案
2. 填制该笔业务的记账凭证	
3. 简要描述物流运输业务流程	

任务评价

在表4-3中填写任务的总体评价。

表4-3 任务评价

内容	自我评价(30%)	小组评价(30%)	教师评价(40%)	得分
1. 物流企业财务基础知识(20分)				
2. 业务涉及原始凭证的填制与审核(30分)				
3. 业务涉及记账凭证的填制与审核(30分)				
合计				

二、仓储收入的核算

任务描述

2021年8月10日与华海3C电子城签订仓储合同,合同收入为24 000元,合同期限为六个月,收到一张电子银行承兑汇票24 000元。

任务目标

任务目标有以下几点:①了解物流仓储收入业务流程;②掌握原始凭证整理、记账凭证的填制;③掌握电子银行承兑汇票的填制。

任务图志

1. 签订仓储合同

仓储合同如图 4-7 所示。

仓 储 合 同

甲方：八达通物流服务有限公司　　　　时间：2021年08月24 日

乙方：华海 3C 电子城　　　　地点 八达通物流服务有限公司仓库

甲、乙双方本着互惠互利的原则，经友好协商，仓储事宜如下：

一、存储电子产品名称：电脑、打印机及其它配件

二、存储电子产品数量：电脑及打印机各 320 件，其它配件共 670 件

三、存储电子产品期限：2021 年 08 月至 2022 年 02 月

四、地点：八达通物流服务有限公司周转库

五、质量标准：以存货方提供入库样品双方封存签字为准。

六、费用结算：仓储费：24000 元

七、结算方式：乙方每次出货前批货批清或提前预付仓储费，按实际出货数量结算。如不按约定支付仓储费，甲方有权留置仓储货物。仓储量不足合同数量，按合同量结算，超出合同数量，按实际仓储量结算。

八、在仓储物出库前，提前 2 日通知甲方提货信息，以便做好出库准备工作。

九、提交仓储物相关资料。如仓储物为易燃、有毒、有腐蚀性、有放射性等或者易变质、有瑕疵的，按照仓储物的性质需要采取特殊仓储措施的，乙方应当提供特别书面说明。

十、乙方有权随时对库存货物的数量进行监督核实，甲方应积极配合。

十一、甲方义务与责任：

1、甲方为乙方提供 电子产品储存保管和装卸车作业服务

2、若因甲方操作失误和管理不当，造成 乙方产品"碰、碰、撞"，甲方承担责任

图 4-7　仓储合同

2. 开具增值税专用发票

增值税专用发票如图 4-8 所示。

广东增值税专用发票

4400194130　　№ 02463500

此联不作报销、扣税凭证使用

校验码 65987 23687 58523 25411　　开票日期：2021年8月10日

购买方
名　　称：华海3C电子城
纳税人识别号：65117812772212854
地址、电话：广东省佛山市南海区4号 0757-87962533
开户行及账号：工商银行南海支行 6953362560005693685

密码区
369874/54123+68462*94212670
63984-48*412>544154+6154126
5948<08544-943+115844*64121
9-21310440*011140+54125>145

货物或应税劳务、服务名称	规格型号	单位	数量	单价	金额	税率	税额
仓储收入			1	22560.00	22560.00	6%	1440.00
合　计					¥22560.00		¥1440.00
价税合计（大写）	⊗ 贰万肆仟元整				（小写）¥24000.00		

销售方
名　　称：八达通物流服务有限公司
纳税人识别号：914106069595103608
地址、电话：广东省佛山市南海区金沙洲沙凤三路2号 0757-236(
开户行及账号：建设银行南海支行 6953369821445978

备注

收款人：　　复核：　　开票人：王江　　销售方（章）

税总函〔2019〕410 号海南华森实业公司

第一联：记账联 销售方记账凭证

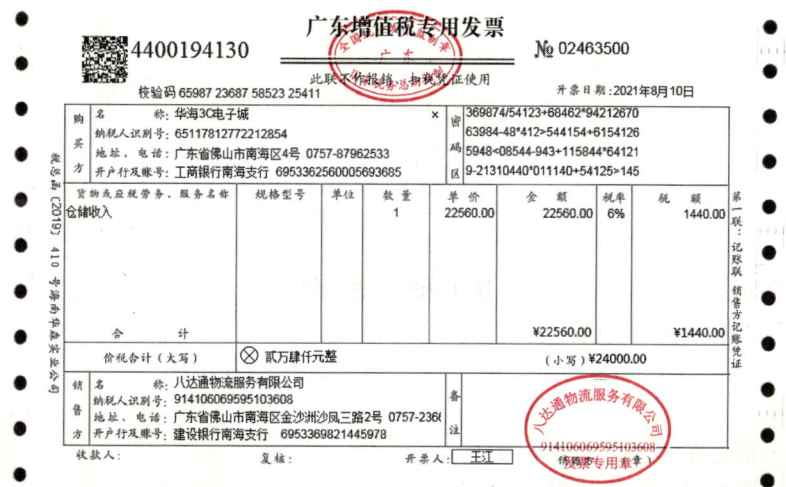

图 4-8　增值税专用发票

3. 收到银行承兑汇票 24 000 元

电子银行承兑汇票，如图 4-9 所示。

图 4-9　电子银行承兑汇票

任务实践

以增值税发票和商业汇票作为原始单据，填制记账凭证（图 4-10）。

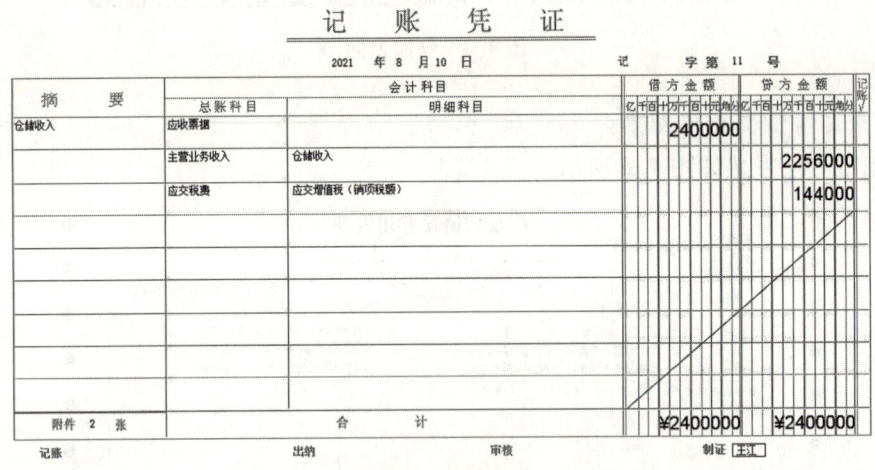

图 4-10　记账凭证

任务口诀

物流业出租仓库，记"主营业务收入"。
赊销有商业汇票，"应收票据"应记熟。

【知识链接】 银行承兑汇票

银行承兑汇票是由付款人委托银行开据的一种延期支付票据,票据到期,银行具有见票即付的义务,票据期限内可以进行背书转让。

现阶段,汇票基本上以电子银行承兑汇票为主。电子银行承兑汇票是纸质银行承兑汇票的继承和发展,电子银行承兑汇票所体现的票据权利义务关系与纸质银行承兑汇票没有区别。不同之处是,电子银行承兑汇票以数据电文形式替代原有的纸质实物票据,以电子签名取代实体签章,以网络传输取代人工传递,以计算机录入代替手工书写,实现了出票、流转、兑付等票据业务过程的完全电子化。

电子银行承兑汇票背书必须记载下列事项:一、背书人名称;二、被背书人名称;三、背书日期;四、背书人签章。电子银行承兑汇票最长票期从6个月延长至1年,最大票额从1亿元增加至10亿元,流动性好、短期融资能力强,非常有助于集团系统企业降低财务费用。

通过采用电子签名和可靠的安全认证机制,电子银行承兑汇票能够保证其唯一性、完整性和安全性,降低了票据被克隆、变造、伪造以及丢失、损毁等各种风险。

任务测练

2021年11月16日,某公司与汇飞公司签订仓储合同,使用本公司仓库储存一批农产品。合同收入为15 600元,合同期限为两个月,款项通过网银支付,款已收。任务测练的内容如表4-4所示。

表4-4 任务测练

问题	答案
1. 该业务涉及的原始凭证有哪些	
2. 填制该笔业务的记账凭证	
3. 电子银行承兑汇票和纸质银行承兑汇票的共同点和不同点有哪些	

任务评价

在表4-5中填写任务的总体评价。

表4-5 任务评价

内容	自我评价(30%)	小组评价(30%)	教师评价(40%)	得分
1. 电子银行承兑汇票必须要记载的事项(30分)				
2. 业务涉及原始凭证的填制与审核(30分)				

（续表）

内容	自我评价(30%)	小组评价(30%)	教师评价(40%)	得分
3. 业务涉及记账凭证的填制与审核(40分)				
合计				

三、物流成本的核算

任务描述

2021年8月11日，八达通物流为司机购买加油卡，加油卡内充值20 000元，用银联扫码支付。2021年8月20日，八达通物流为运输车辆加柴油，共计6 780元，用加油卡支付加油费。

任务目标

任务目标如表4-6所示。

表4-6　任务目标

1. 了解物流运输车辆加油费业务流程
2. 掌握原始凭证整理、记账凭证填制
3. 熟悉银联扫码支付流程

任务图志

1. 购买加油卡的银联回单

电子银行业务回单(付款)如图4-11所示。

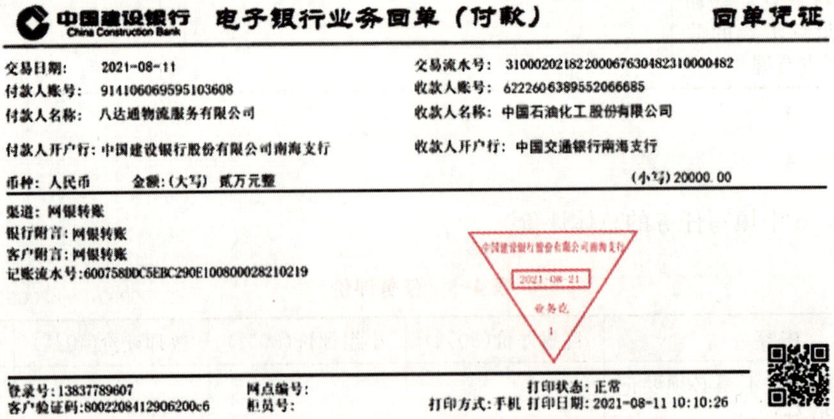
中国建设银行 China Construction Bank　电子银行业务回单（付款）　回单凭证

交易日期：2021-08-11　　交易流水号：31000202182200067630482310000482
付款人账号：91410606959510360８　　收款人账号：6222606389552066685
付款人名称：八达通物流服务有限公司　　收款人名称：中国石油化工股份有限公司
付款人开户行：中国建设银行股份有限公司南海支行　　收款人开户行：中国交通银行南海支行
币种：人民币　金额：(大写)贰万元整　(小写)20000.00
渠道：网银转账
银行附言：网银转账
客户附言：网银转账
记账流水号：600758DDC5EBC290E100800028210219
登录号：13837789607　　网点编号：　　打印状态：正常
客户验证码：8002208412906200c6　　柜员号：　　打印方式：手机　打印日期：2021-08-11 10:10:26

图4-11　电子银行业务回单(付款)

2. 司机为车辆加注汽油

增值税专用发票如图 4-12 所示。

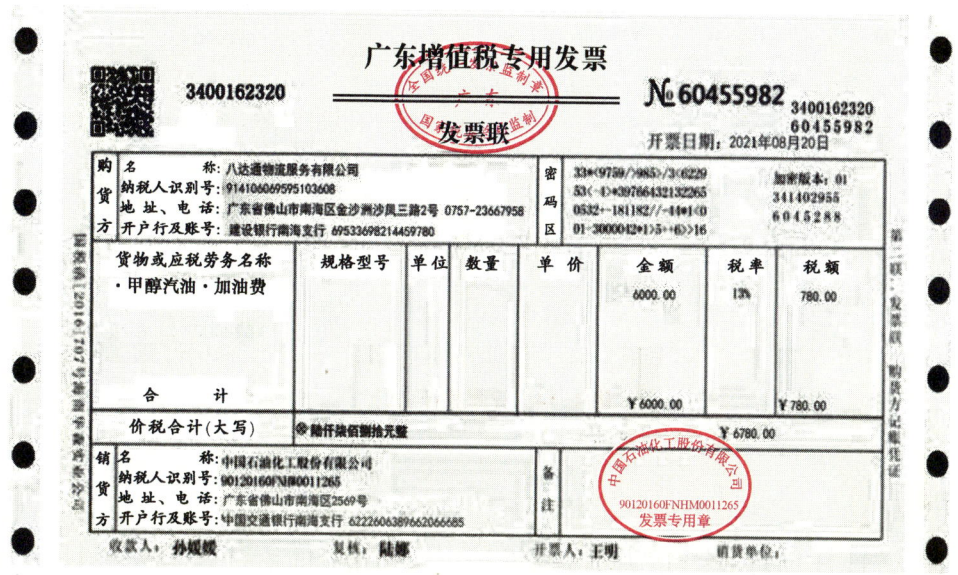

图 4-12 增值税专用发票

任务实践

以加油票作为原始单据，填制记账凭证（图 4-13 和图 4-14）。

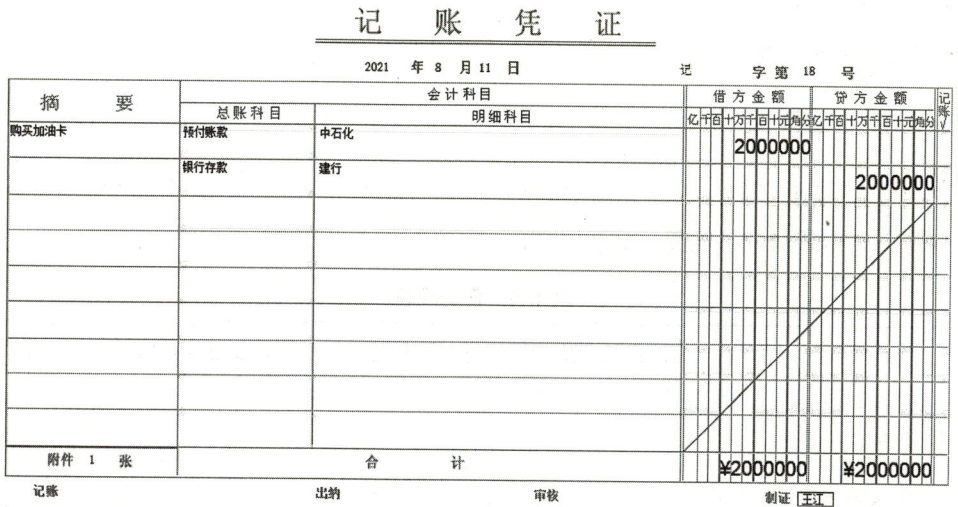

图 4-13 记账凭证（一）

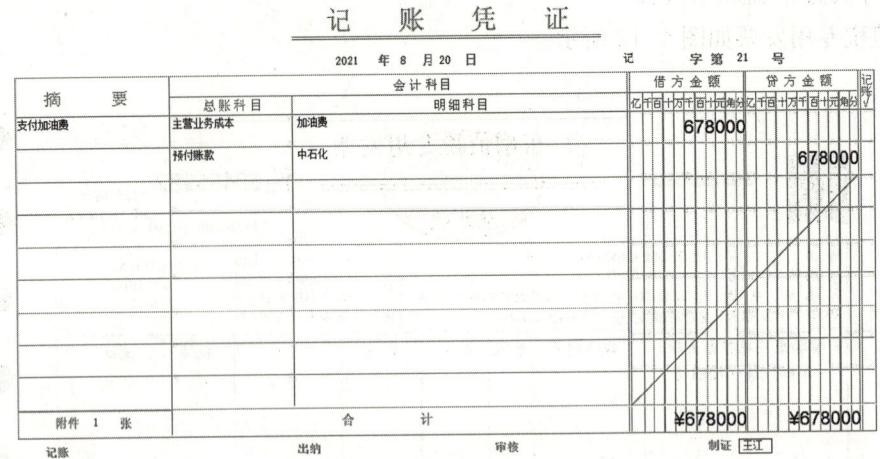

图 4-14 记账凭证(二)

任务测练

2021 年 11 月 1 日,某公司为加油卡充值 10 000 元,用支付宝支付。2021 年 11 月 6 日,公司为运输车辆加柴油,用加油卡支付加油费 1 330 元。任务测练如表 4-7 所示。

表 4-7 任务测练

问题	答案
1. 该业务涉及的原始凭证有哪些	
2. 填制该笔业务的记账凭证	
3. 说出运输车辆加油费的日常处理流程	

任务评价

在表 4-8 中填写任务的总体评价。

表 4-8 任务评价

内容	自我评价(30%)	小组评价(30%)	教师评价(40%)	得分
1. 运输车辆预购加油卡及加油费的基础知识(30 分)				
2. 业务涉及原始凭证的填制与审核(30 分)				
3. 业务涉及记账凭证的填制与审核(40 分)				
合计				

四、租赁仓库的核算

任务描述

2021年8月21日,八达通物流与汇丰房地产开发有限公司签订租赁合同,租入一个仓库,租期为5年,租赁押金为50 000元,月租金为10 000元。对方要求租金按月支付,八达通物流当即采用网银支付押金及月租。

任务目标

任务目标如表4-9所示。

表4-9 任务目标

1. 了解租赁仓库业务流程
2. 掌握原始凭证整理、记账凭证填制
3. 熟悉银联扫码支付流程

任务图志

1. 签订仓库租赁合同

仓库租赁合同,如图4-15所示。

仓库租赁合同

出租方(甲方):汇丰房地产开发有限公司 承租方(乙方):八达通物流服务有限公司

法定代表人:杨琦   法定代表人:郭英华

甲、乙双方在法律的基础上,经过友好协商达成以下仓库租赁合同范本:

一、租赁库房情况

甲方将位于 广东省佛山市南海区金沙洲 的仓库(以下简称租赁物)租赁给乙方使用,面积为 1022 平方米;本租赁物的功能为 仓储 ,包租给乙方使用。如乙方需转变使用功能,须经甲方书面同意后方可执行,因转变功能所需办理的全部手续及费用由乙方自行负责。本租赁物采取包租方式,由承租方自行管理。

二、租赁期限

租赁期限为 5 年,即从 2021 年 08 月 02 日起至 2026 年 08 月 01 日止。租赁期满后如想续约,乙方须提前30天提出,经甲方同意后,甲、乙双方将对有关租赁事项重新签订租赁合同。在同等承租条件下,乙方有优先权。

三、交付情况

在本出租合同生效之日起 10 日内,甲方将租赁物按现状交付乙方使用,且乙方同意按租赁物及设施的现状承租。交付时双方对基础设施的状况以交接单的形式签字确认,并可附照片。对分期交付的,分期交接确认。

四、租赁费用

1、库房租金按每月人民币 10000 元。

若需供电增容,则其手续由甲方负责申办,因办理供电增容所需缴纳的全部费用由乙方承担。

2、乙方应于本合同签订之前,向甲方支付租赁押金人民币 50000 元,待租赁期满后,在乙方已向出租方交清了全部应付的租金、物业管理费及因本租赁行为所产生的一切费用,并按本合同规定承担向甲方交还承租的租赁物等本合同所约定的责任后 10 日内,甲方将无条件退还租赁保证金给乙方。

3、乙方应于每月 15 号之前向甲方支付当月租金,乙方逾期支付租金,应向甲方支付滞纳金,滞纳金额按所欠租金的 1 %支付。

图4-15 仓库租赁合同

2. 开具当月租赁费发票，租金为 10 000 元
增值税专用发票，如图 4-16 所示。

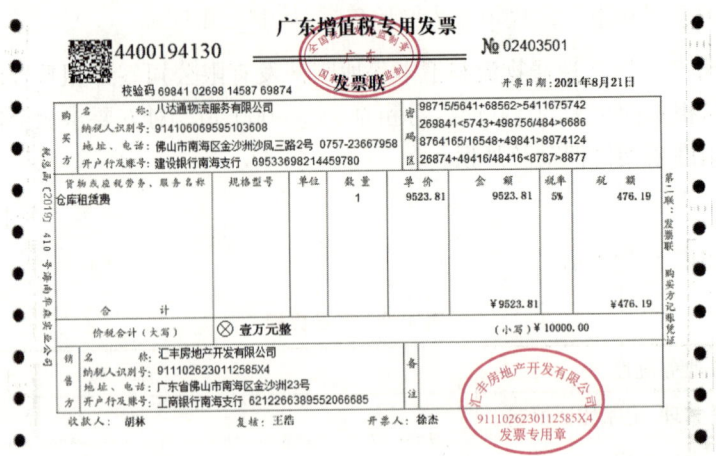

图 4-16　增值税专用发票

3. 开具支付押金的收款收据
收据如图 4-17 所示。

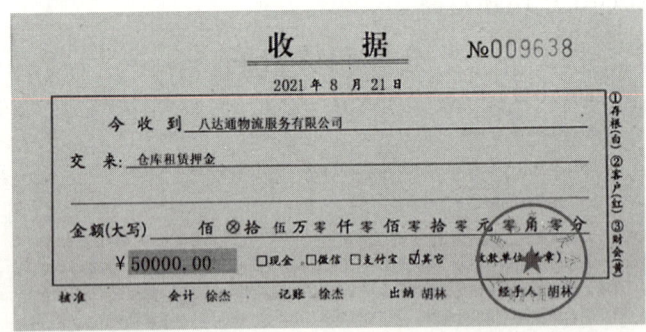

图 4-17　收据

4. 出纳通过网银支付押金及月租
网银付款凭证如图 4-18 所示。

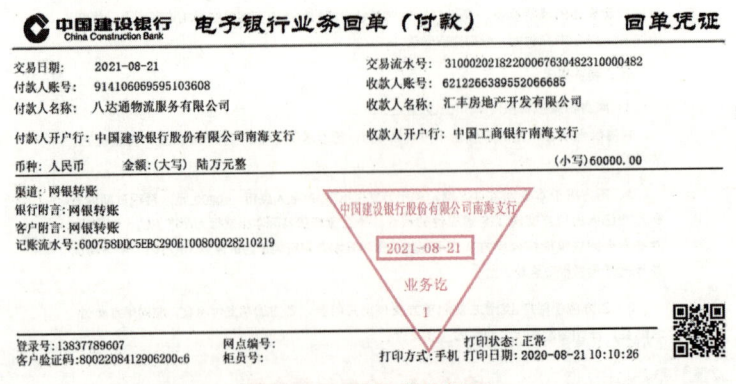

图 4-18　网银付款凭证

任务实践

以仓库租赁合同和银行回执单作为原始单据,填制记账凭证。

记账凭证如图 4-19 所示。

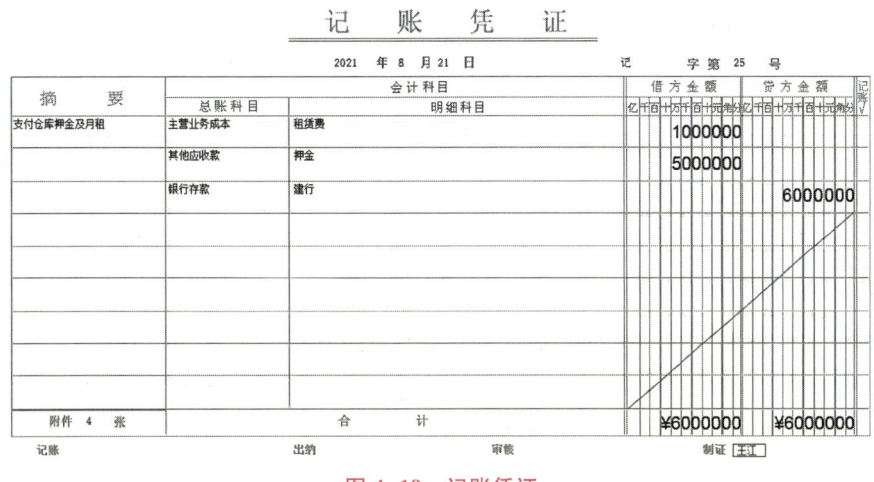

图 4-19 记账凭证

任务测练

2021 年 11 月 13 日,某公司与建裕房地产开发有限公司签订租赁合同,租入一个仓库,租期为 5 年,租金按年支付。每年 1 月预付当年租金,每年租金为 16 000 元,通过网银支付付讫。任务测练内容如表 4-10 所示。

表 4-10 任务测练

问题	答案
1. 该业务涉及的原始凭证有哪些	
2. 填制该笔业务的记账凭证	
3. 简述仓库租赁业务的基本流程	

任务评价

在表 4-11 中填写任务的总体评价。

表 4-11 任务评价

内容	自我评价(30%)	小组评价(30%)	教师评价(40%)	得分
1. 仓库租赁业务的基本流程(30 分)				

(续表)

内容	自我评价(30%)	小组评价(30%)	教师评价(40%)	得分
2. 业务涉及原始凭证的填制与审核(30 分)				
3. 业务涉及记账凭证的填制与审核(40 分)				
合计				

五、结转成本的账务处理

任务描述

2021 年 8 月 23 日,运输部司机回来报销北京线路各项随行费用。其中,公司货车往返加油费 7 000 元,从中石化充值卡中扣除。高速过路费 4 500 元,司机住宿费 2 200 元,餐费 1 300 元,汽车消毒清理费 500 元,通过现金报销。

任务目标

任务目标如表 4-12 所示。

表 4-12　任务目标

1. 了解物流运输业务报销流程
2. 掌握原始凭证整理、记账凭证填制
3. 熟悉费用报销单的填写

任务图志

1. 填写费用报销单(图 4-20)

图 4-20　费用报销单

2. 加油费发票(图4-21)

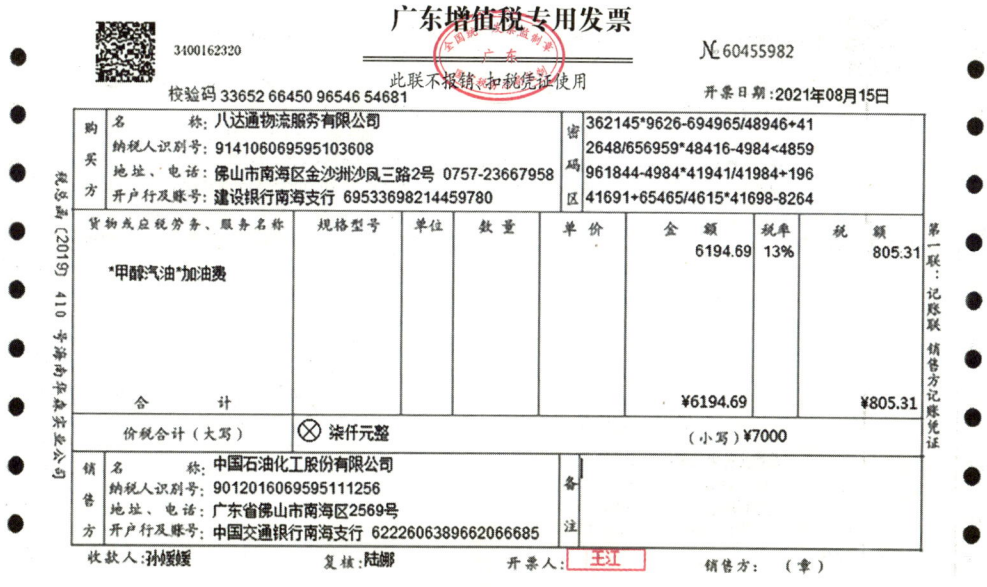

图4-21 增值税专用发票

3. 通行费发票(图4-22)

图4-22 增值税电子普通发票

4. 住宿费发票(图 4-23)

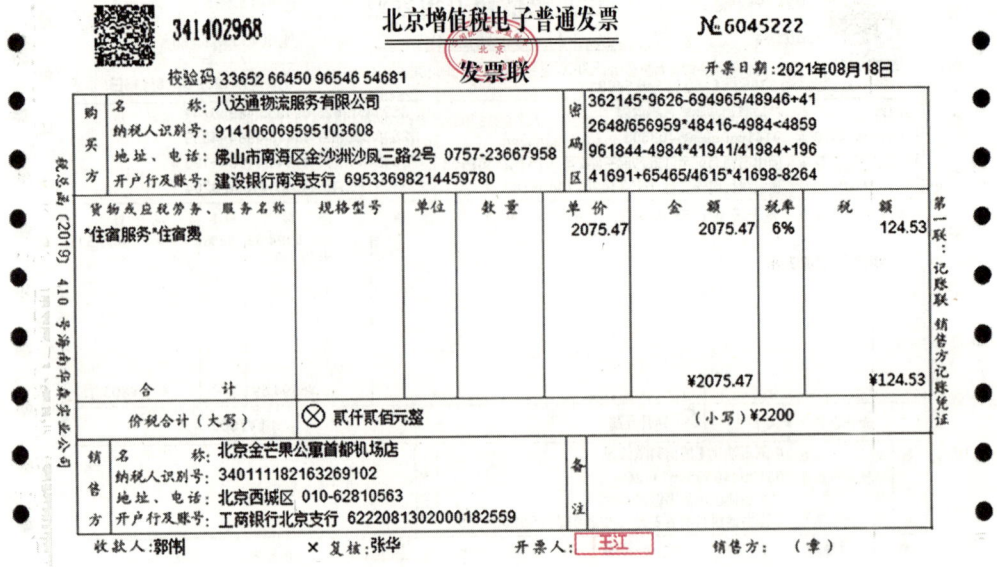

图 4-23　增值税专用发票

5. 餐饮费发票(图 4-24)

图 4-24　增值税普通发票

6. 汽车消毒费发票(图 4-25)

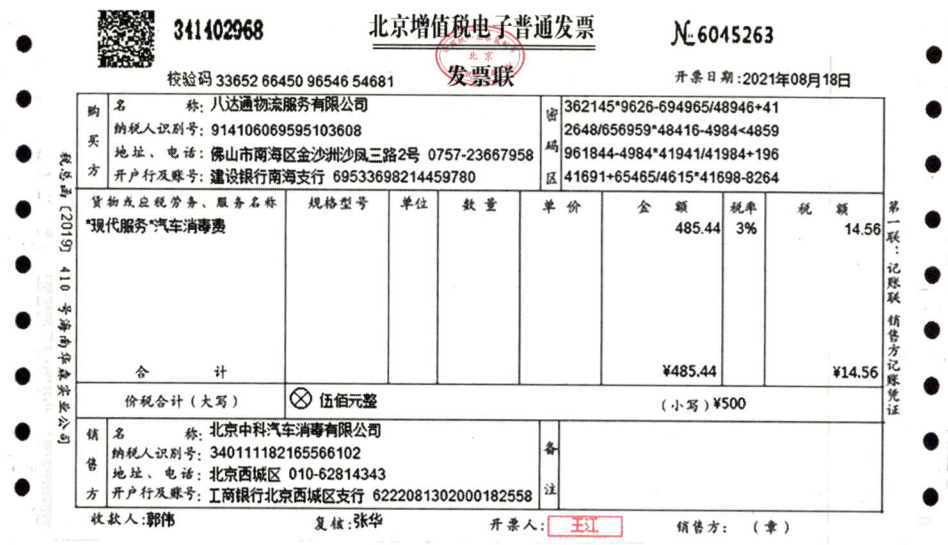

图 4-25　增值税普通发票

任务实践

以增值税发票和费用报销单作为原始单据,填制记账凭证(图 4-26)。

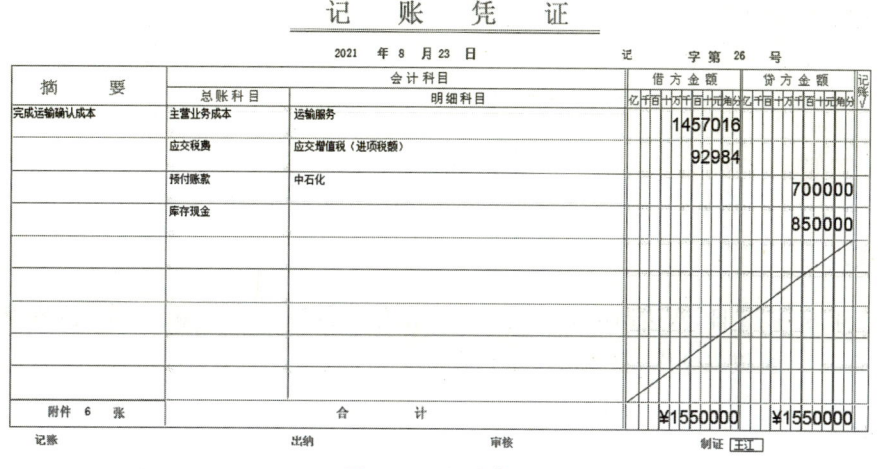

图 4-26　记账凭证

任务测练

2021 年 11 月 26 日,某公司运输部司机回来报销深圳线路各项随行费用。其中,公司货车往返加油费 2 000 元,从中石化充值卡中扣除。高速过路费 1 500 元,司机住宿费及餐费 1 520 元,通过微信转账报销。任务测练内容如表 4-13 所示。

表 4-13　任务测练

问题	答案
1. 该业务涉及的原始凭证有哪些	
2. 填制该笔业务的记账凭证	
3. 简要描述微信付款在物流业务中的应用流程	

任务评价

在表 4-14 中填写任务的总体评价。

表 4-14　任务评价

内容	自我评价(30%)	小组评价(30%)	教师评价(40%)	得分
1. 说出完成运输确定成本的基本流程（30 分）				
2. 填制与审核运输成本业务涉及的原始凭证（30 分）				
3. 填制与审核运输成本业务涉及的记账凭证（40 分）				
合计				

六、包装费的核算

任务描述

2021 年 8 月 23 日，八达通物流公司购入一批包装材料，包括纸箱、胶带、包装袋、泡沫箱等，共计 6 500 元，放入仓库，款项通过银行存款支付。

任务目标

任务目标如表 4-15 所示。

表 4-15　任务目标

1. 了解购入包装物业务报销流程
2. 掌握原始凭证的整理和记账凭证的填制
3. 熟悉包装物的分类和构成

任务图志

购买包装物后的增值税专用发票（图 4-27）

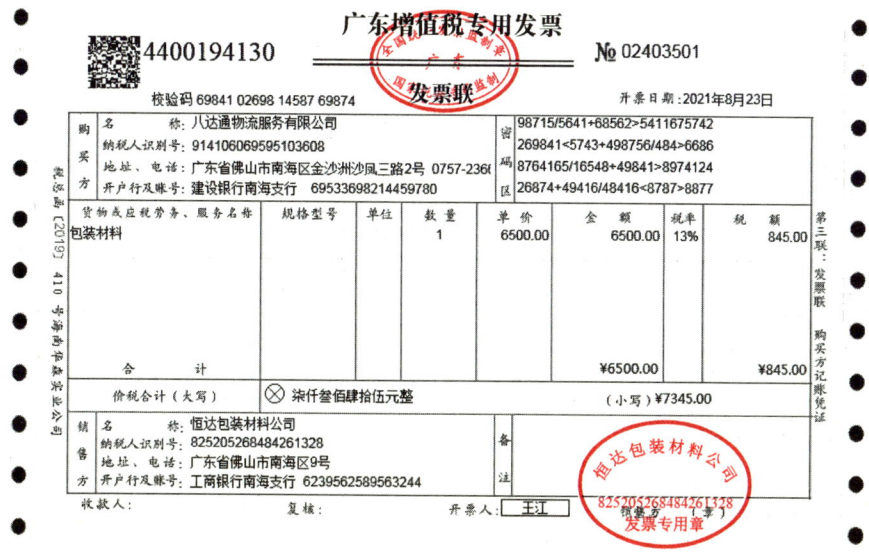

图 4-27　增值税专用发票

任务实践

以增值税发票和领料单作为原始单据，填制记账凭证（图 4-28）。

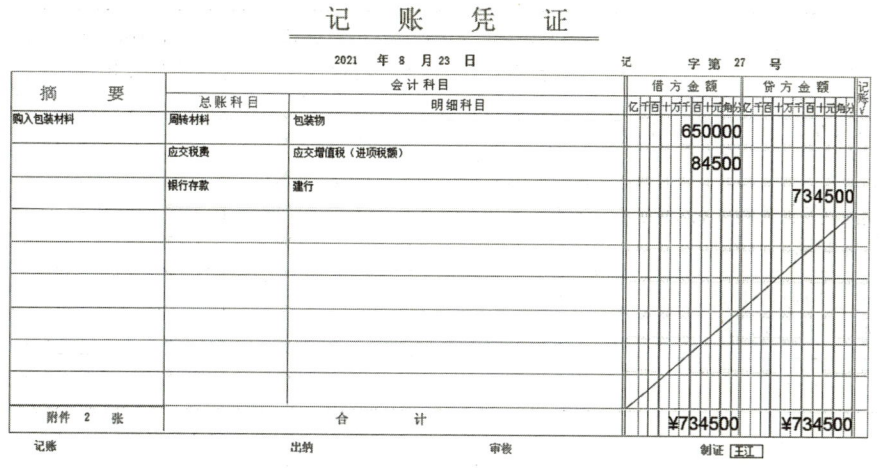

图 4-28　记账凭证

【知识链接】 包装物

包装物的外包装包括纸箱、木板箱、泡沫箱、编织袋；内包装包括珍珠棉、气泡膜、空气柱袋；封装材料为胶带。产生的包装费用可能发生在不同的物流环节，也可能发生在不同的企业。根据我国现行会计制度和法规政策，物流企业必须根据《企业会计制度》的要求组织会计核算，对于发生于物流诸环节的包装费用，企业应区分费用的性质和项目并记入"主营业务成本"总分类账户及其相关的明细账户。

任务测练

2021年11月22日，某公司购入泡沫箱、气泡膜等包装物一批，共计3 620元，放入仓库备用，款项通过银行存款支付。任务测练内容如表4-16所示。

表4-16 任务测练

问题	答案
1. 该业务涉及的原始凭证有哪些	
2. 填制该笔业务的记账凭证	
3. 说出购入包装物的基本流程	

任务评价

在表4-17中填写任务的总体评价。

表4-17 任务评价

内容	自我评价（占比30%）	小组评价（占比30%）	教师评价（占比40%）	得分
1. 购入包装物的基本业务流程（30分）				
2. 购入包装物业务涉及原始凭证的填制与审核（30分）				
3. 购入包装物业务涉及记账凭证的填制与审核（40分）				
合计				

七、运输人员工资的核算

任务描述

2021年8月28日，发放公司20名运输司机工资，共计358 600元。工资通过网银发放。

案例四　八达通物流服务有限公司

任务目标

任务目标如表 4-18 所示。

表 4-18　任务目标

1. 了解物流运输企业工资发放业务的处理流程及要点
2. 填制和审核工资发放业务涉及的原始凭证
3. 填制与工资计提、发放相关的记账凭证

任务图志

出纳根据工资表发放工资，业务回单如图 4-29 所示。

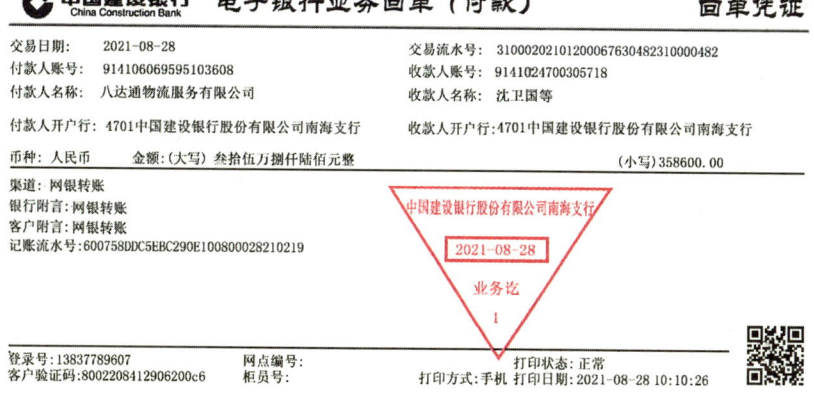

图 4-29　电子银行业务回单(付款)

任务实践

以银行回执单作为原始单据，填制记账凭证(图 4-30)。

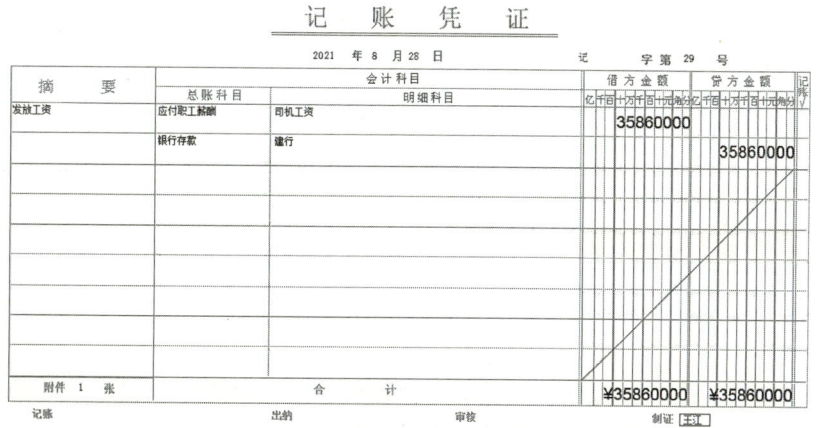

图 4-30　记账凭证(发放工资)

任务口诀

出纳员保管的钱,"库存现金"要记全。
出纳把钱存银行,借方记"银行存款"。

任务测练

2021年11月29日,某公司发放司机及行政人员工资共计487 630元,工资通过银行存款发放。公司给员工缴纳住房公积金,每月按照工资的12%计提缴纳。其中,公司承担一半,个人承担一半,个人承担部分从工资里扣除。任务测练内容,如表4-19所示。

表4-19　任务测练

问题	答案
1. 该业务涉及的原始凭证有哪些	
2. 填制该笔业务的记账凭证	
3. 说出运输司机职工薪酬业务的日常处理流程	

任务评价

在表4-20中填写任务的总体评价。

表4-20　任务评价

内容	自我评价(30%)	小组评价(30%)	教师评价(40%)	得分
1. 运输司机职工薪酬业务的基本流程(30分)				
2. 职工薪酬业务涉及原始凭证的填制与审核(30分)				
3. 职工薪酬业务涉及记账凭证的填制与审核(40分)				
合计				

八、车辆维修费的核算

任务描述

2021年8月25日,八达通物流运输一车队司机在运输过程中车辆出现故障,发生维修费用价税合计2 260元,工作人员以现金支付该款项。

任务目标

任务目标如表 4-21 所示。

表 4-21　任务目标

1. 了解车辆维修业务报销流程
2. 掌握原始凭证整理、记账凭证填制

任务图志

1. 开具发票(图 4-31)

340102968　广东增值税专用发票　№ 02403502

发票联

校验码 69843 02698 14587 69874　开票日期:2021年8月25日

购买方　名　　称:上海快德运物流有限公司
纳税人识别号:913101006789234508
地址、电话:上海市浦东新区世纪大道10799号
开户行及账号:招商银行上海世纪大道支行　310501440901000000188

密码区　98715/5641+68562>5411675742
269841<5743+498756/484>6686
8764165/16548+49841>8974124
26874+49416/48416<8787>8877

货物或应税劳务、服务名称	规格型号	单位	数量	单价	金额	税率	税额
*劳务*货车维修			1	2194.17	2194.17	3%	65.83
合　　计					¥2194.17		¥65.83
价税合计(大写)	⊗贰仟贰佰陆拾元整				(小写)¥2260.00		

销售方　名　　称:恒达包装材料公司
纳税人识别号:825205268484261328
地址、电话:广东省佛山市南海区9号
开户行及账号:工商银行南海支行　6239562589563244

备注

收款人:　复核:　开票人:王江　销售方:(章)

第三联:发票联　购买方记账凭证

图 4-31　增值税专用发票

2. 填写费用报销单(图 4-32)

报销单　编号____

装订线

开支项目 维修费　附单据张数____　附件张数____

共报销人民币(大写)贰仟贰佰陆拾元整　¥2260.00

报销部门:运输部　签名:吴越　2021年08月25日　说明:

现金付讫

负责人审批意见:	财务审核意见:	部门意见:
郭英华	周凤华	章林
2021年08月25日	2021年08月25日	2021年08月25日

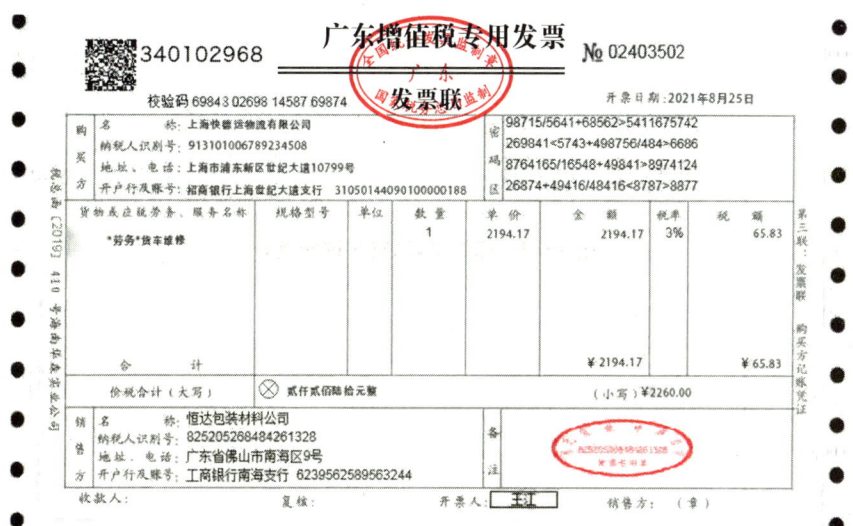

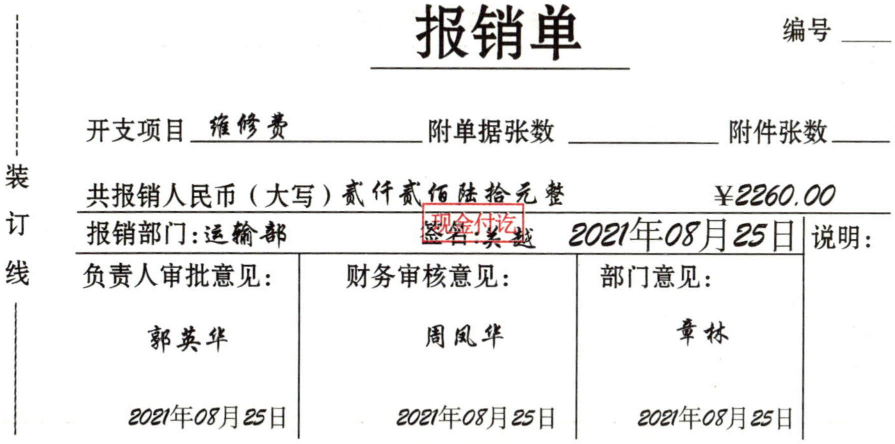

图 4-32　费用报销单

任务实践

以增值税发票和费用报销单作为原始单据,填制记账凭证(图4-33)。

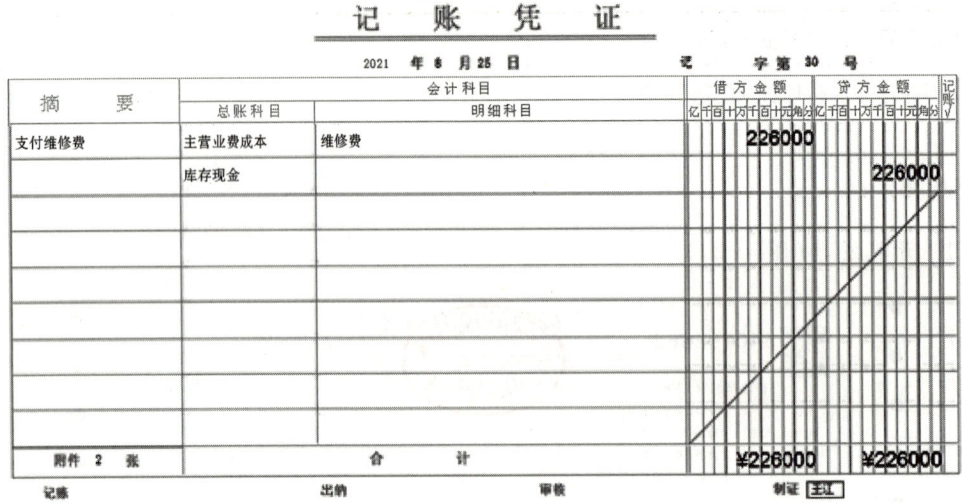

图4-33 记账凭证(支付维修费)

任务口诀

包装物呀少不了,要记入"周转材料"。
周转材料有损耗,一定记着算摊销。

任务测练

2021年11月9日,在运输过程中,某公司运输车队的车辆出现故障,发生维修费用价税合计2 035元。司机垫付费用,出纳以网银转账支付该款项。任务测练内容如表4-22所示。

表4-22 任务测练

问题	答案
1. 该业务涉及的原始凭证有哪些	
2. 填制该笔业务的记账凭证	
3. 运输部门车辆和行政部门车辆的维修费用计入的会计科目一样吗,都是什么科目	

任务评价

在表 4-23 中填写任务的总体评价。

表 4-23　任务评价

内容	自我评价（占比 30%）	小组评价（占比 30%）	教师评价（占比 40%）	得分
1. 运输车辆维修保养的基本业务流程(30 分)				
2. 运输车辆维修业务涉及原始凭证的填制与审核(30 分)				
3. 运输车辆维修业务涉及记账凭证的填制与审核(40 分)				
合计				

九、期间费用与其他支出的核算

任务描述

2021 年 8 月 29 日,宝康公司委托八达通物流运输的农产品货物在运输途中,由于碰撞磨擦,包装物破损、部分农产品倾洒。经过协商,司机赔偿宝康公司 2 501 元,该笔赔偿款冲减应收宝康公司运输款项。后经过公司内部商议,70% 的赔偿款由公司承担,30% 的赔偿款由司机潘晓华承担。

任务目标

任务目标如表 4-24 所示。

表 4-24　任务目标

1. 了解赔偿款业务流程
2. 掌握原始凭证整理、记账凭证填制

> **任务图志**

签订赔偿协议(图 4-34)

货损赔偿协议书

甲方：<u>宝康公司</u>

乙方：<u>八达通物流服务有限公司</u>

  关于 2021 年 8 月 29 日，<u>宝康公司</u>委托乙方运输一批农产品(共计 <u>23</u> 件)前往<u>深圳</u>市，但是，由于乙方在运输过程中出现车辆意外事故。致使其中 <u>2</u> 件货物受损严重，甲方依据运输合同，取得了就上述货物损失向乙方追偿的权利。

  1. 甲方与乙方对上述之全部内容均无任何异议。

  2. 乙方同意于 <u>2021</u> 年 <u>8</u> 月 <u>31</u> 日之前一次性向甲方支付人民币 <u>2501.00</u> 元。以此作为乙方对上述货物损失全部的、最终的赔偿。

  3. 甲方将在收到乙方的全部赔偿款项后，免除乙方于上述货物损失项下的任何赔偿责任。

  4. 如乙方未按本协议书第 2 条约定的期间支付赔偿款项的，则甲方有权不再受本协议书第 2 条赔偿全额的约束，继续向乙方追债。

  5. 甲方所开出的赔偿金额均为出厂价格。

  6. 本协议书一式二份，甲、乙双方各执一份，自甲方与乙方盖章之日起生效。

  甲方：宝康公司   乙方：八达通物流服务有限公司

                签订日期：2021 年 8 月 30 日

图 4-34 货物赔偿协议书

任务实践

以赔偿协议作为原始单据，填制记账凭证（图4-35）。

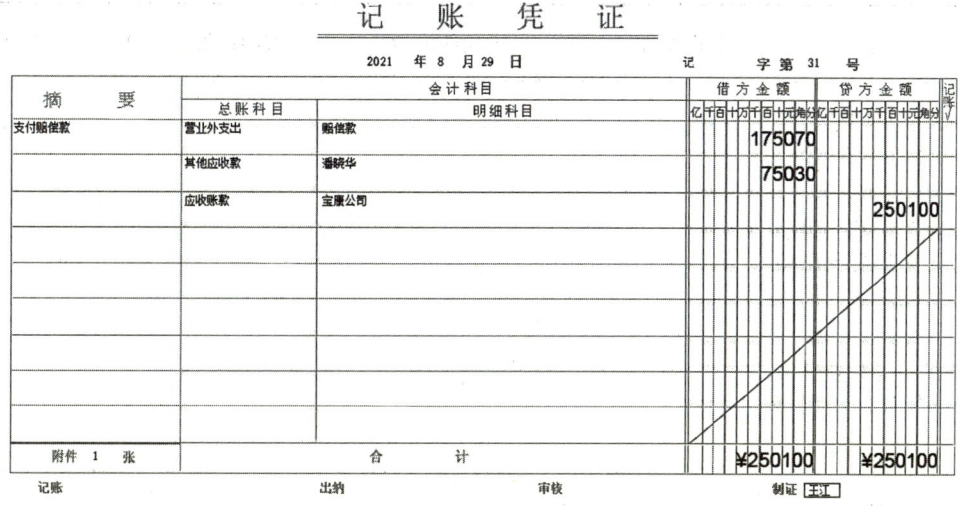

图4-35 记账凭证（支付赔偿款）

任务口诀

利得何所属？"营业外收入"。
损失何所属？"营业外支出"。

任务测练

2021年11月12日，某公司运输整体衣柜5套。其中，一款推拉门，总共是5扇门。客户提货时，发现其中一扇门的面板已经严重损坏，因此拒收货物并提出赔偿。后经过商议，该公司赔偿850元，冲减应收货款。任务测练内容如表4-25所示。

表4-25 任务测练

问题	答案
1. 该业务涉及的原始凭证有哪些	
2. 填制该笔业务的记账凭证	
3. 因运输时间超时、支付了一笔赔偿款，该笔赔偿款应如何处理	

任务评价

在表 4-26 中填写任务的总体评价。

表 4-26　任务评价

内容	自我评价(30%)	小组评价(30%)	教师评价(40%)	得分
1. 说出支付赔偿款的基本业务流程(30 分)				
2. 填制与审核支付赔偿款业务涉及的原始凭证(30 分)				
3. 支付赔偿款业务涉及记账凭证的填制与审核(40 分)				
合计				

十、交通罚款支出的核算

任务描述

2021 年 8 月 31 日，八达通物流的司机谢文亮在运输过程中因交通违章罚款 200 元，由公司承担，现金付讫。

任务目标

任务目标如表 4-27 所示。

表 4-27　任务目标

1. 了解交通罚款支出业务流程
2. 填制和审核交通罚款支出业务所涉及原始凭证
3. 掌握交通罚款支出业务的账务处理

> 任务图志

1. 收到违章处罚书,罚款 200 元

违章罚款电子凭证,如图 4-36 所示。

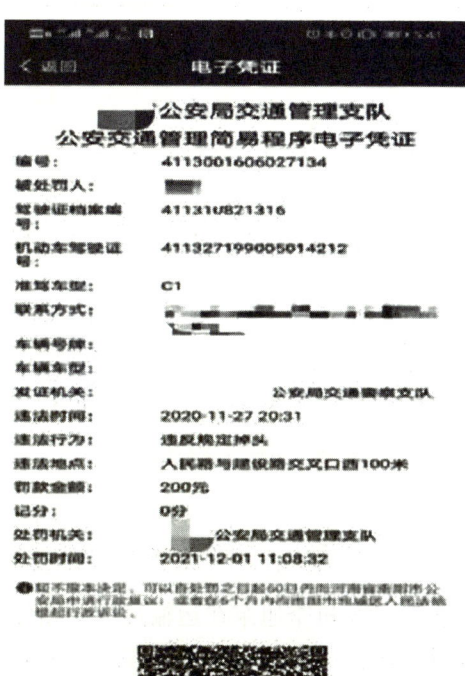

图 4-36　违章罚款电子凭证

2. 司机谢文亮去交通执法队缴纳罚款
3. 拿罚款缴纳单,从出纳处报销现金

费用报销单,如图 4-37 所示。

八达通物流服务有限公司 费用报销单

报销部门：运输部　　　　2020年08月31日　　　　单据及附件共 2 张

用　　　途	金　额（元）	备注	
交通罚款	200.00		
			同意报销 1　郭英华
		领导审批	
合　　　计	200.00		
金额大写：贰佰元整		应付金额 200.00	

会计主管：**周凤华**　复核：**唐宁**　出纳：**朱梅**　报销人：**马超威**　领款人：**马超威**

图 4-37　费用报销单

任务实践

以罚款缴纳单和费用报销单作为原始单据,填制记账凭证(图4-38)。

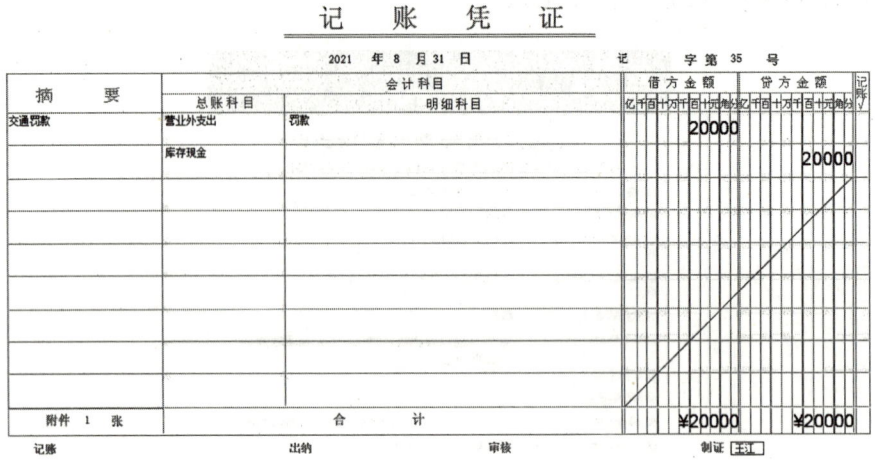

图 4-38　记账凭证(交通罚款)

任务测练

2021年11月20日,某公司的司机李旭东在运输过程中因停车不当,违反交通法规,罚款200元。此项罚款由公司和司机各承担一半。任务测练内容,如表4-28所示。

表 4-28　任务测练

问题	答案
1. 该业务涉及的原始凭证有哪些	
2. 填制该笔业务的记账凭证	
3. 交通罚款支出是否允许税前扣除,并说明理由	

任务评价

在表4-29中填写任务的总体评价。

表 4-29　任务评价

内容	自我评价(30%)	小组评价(30%)	教师评价(40%)	得分
1. 罚款支出的基本业务流程(30分)				

(续表)

内容	自我评价(30%)	小组评价(30%)	教师评价(40%)	得分
2. 罚款支出业务涉及原始凭证的填制与审核(30分)				
3. 罚款支出业务涉及记账凭证的填制与审核(40分)				
合计				

[表]